Raoul von Dombrowski

Das Reh

bremen
university
press

Raoul von Dombrowski

Das Reh

ISBN/EAN: 9783955620226

Auflage: 1

Erscheinungsjahr: 2013

Erscheinungsort: Bremen, Deutschland

bremen
university
press

DAS REH.

EIN MONOGRAPHISCHER

BEITRAG ZUR JAGDZOOLOGIE

VON

RAOUL VON DOMBROWSKI.

MIT 15 TAFELN ABBILDUNGEN VON REHGEHÖRNEN NACH DER
NATUR GEZEICHNET VOM VERFASSER.

WIEN, 1876.

VERLAG DER WALLISHAUSSER'SCHEN BUCHHANDLUNG

(JOSEF KLEMM).

Druck von Adolf Holzhausen in Wien.

INHALT.

Es ist nur eine anspruchlose Sammlung eigener Beobachtungen und Erfahrungen, die ich meinen werthen Genossen in Huberto und Diana auf den folgenden Blättern biete.

Begleitet von meiner treuen Freundin, der Büchse, habe ich das edle Wild in seiner Eigenart belauscht; im Frühlicht und Abendschein, am sonnigen, von vielstimmigen Liedern besungenen Sommertage, und — wenn der stille, dunkle Wald im Rauhreif prangte!

Schloss Kámen in Böhmen.

Der Verfasser.

DAS REH.

(Cervus capreolus Lin.)

Auf odem, vergessenem Pfade,
Bei frostigem Sturmesgebraus',
Zwei Wilderer zogen vom Holze
Mit Beute beladen nach Haus.
— Im Walde zur selbigen Stunde,
Da sucht ein verlassenes Reh,
Die Spur der erschossenen Mutter
Im flimmernden, knisternden Schnee

(Aus den Liedern eines Wildtödters)

R. v. D.

I. Naturhistorisches.

Unter der allgemeinen Benennung Reh begreift man die edle und zierliche Wildart, welche hier geschildert werden soll.

Das Männchen des Rehwildes wird waidmännisch Rehbock, das Weibchen Ricke oder Rehgais, das Junge bis zum Alter von zehn Monaten Rehkalb oder Rehkitz genannt.

Das Reh gehört zur Familie der Hirsche (cervina), in die Ordnung der Wiederkäuer (ruminantia), und ist in allen europäischen Ländern bis zum 58. Grade n. Br. heimisch. In Asien bewohnt es die Länderstrecken vom Ural bis zur Lena.

Die Farbe des Rehwildes ist im Sommer gelbroth oder braunroth, im Winter grau oder graubraun; das Haar der Sommerdecke ist kurz und schlicht, jenes der Winterdecke sehr dicht, lang und elastisch.

1

Als seltene Varietäten findet man auch russschwarze, ge
scheckte und auch ganz weisse Rehe. Letztere haben zumeist
rothe Lichter.*)

Das Reh verfärbt im Mai und September.

Der walzenförmige Leib, vom schlanken Halse und zierlichen Kopfe überragt, wird von dünnen, jedoch sehr muskel-
kräftigen Läufen getragen, die in einen schwarzen, gespaltenen,
mit Afterklauen versehenen Huf — Schalen — enden.

Der Kopf des Rehes ist edel und ausdrucksvoll, von
grossen, glänzenden Augen — Lichtern mit bläulichem
Augapfel belebt, und steht in richtigem Verhältnisse mit der
Stärke des übrigen Körpers.

Der Kopf ist dicht mit kurzen graubraunen, an den Enden
lichter gefärbten Haaren bedeckt, und endet in einem Maule
Geäse , in welchem die Gebisswerkzeuge genau wie bei
dem Schaafe beschaffen sind. Die Nase ist schwarz, immer nass
und kalt, von glänzend schwarzen nach unten weiss gesäumten
Lippen umgeben.

Das eiförmig zugespitzte Ohr Gehör ist beiläufig
15 Cm. lang, aufwärts gerichtet, und nach jeder Richtung hin
sehr rasch beweglich.

Das Reh hat keinen Schwanz — „Blume" — wie seine
Stammverwandten, sondern eine unter der Decke befindliche
ganz kleine knorpelige Erhabenheit, die jedoch nur beim Zer-
wirken sichtbar wird. Die Thränenhöhlen fehlen ebenfalls.

Der Rehbock trägt ein Gehörn, dessen unterer unmittelbar aus den Fortsetzungen der Hirnschale — den Rosenstöcken — hervorgewachsener Theil die Rose, und dessen
übrige Theile Stangen und Enden genannt werden.

*) Ich war so glücklich, im Jahre 1866 in meinen eigenen Gehegen einen
Rehbock von blendend weisser Farbe zu erlegen. Die Lichter dieses prachtigen
Thieres waren leuchtend hellgelb, die Pupille länglich und tief schwarz.

Die Ricke trägt, selten vorkommende Monstrositäten ausgenommen, kein Gehörn.

Die Keulen und das Waidloch des Rehes in der Winterfärbung sind von einem weissen Fleck umgeben, welcher Spiegel oder Schirm genannt wird. Böcke und alte Ricken haben im Winterhaar vorn am Halse einen halbmondförmigen gelblich weissen Fleck, und sind hiedurch vom Schmalreh leicht zu unterscheiden, bei welchem jener Fleck blässer und weniger bemerkbar ist.

Am Ende der Brunftrute trägt der Rehbock einen Haarbüschel, der besonders im Winter von weitem sichtbar ist und Pinsel genannt wird.

Am Spiegel der Ricke ist unterhalb des Feigenblattes — Feuchtblattes — ein ähnlicher Haarbüschel — die Schürze — sichtbar. Das Haar des Rehkalbes ist dunkelbraun und strichweise mit kleinen weissen Flecken besäet. Nach einigen Wochen verlieren sich allmälig die lichten Flecken, und dasselbe nimmt die Farbe der Mutter an.

Das ausgewachsene Reh ist vom Geäse bis zum Waidloch gemessen 100 bis 110 Cm. lang, 60 bis 70 Cm. hoch, und wiegt vor dem Aufbruch 23 bis 30 Kilo. Das in Gebirgswaldungen stehende Rehwild pflegt in der Regel stärker zu sein als jenes, welches die Ebenen bewohnt.

Das männliche Rehkalb — Kitzbock — erhält, wenn es den zwölften Monat erreicht hat, den Namen Spiessbock oder Spiesser, im dritten Jahre wird dasselbe Gabler oder Gabelbock, von da ab Sechser, Sechserbock, Kreuzbock oder guter, braver Bock genannt.

Das weibliche Rehkalb — Kitzgeiss — wird, wenn es ein Jahr alt geworden, Schmalreh, Schmalgeiss, und nachdem es beschlagen wurde, Altreh genannt.

Das Reh schreckt, schmält oder meldet, wenn es jenen kurzen, rauhen, blöckenden oder plärrenden Laut von sich gibt. Derselbe ist beim Rehbock tiefer, kürzer, trotziger, bei der Ricke gedehnter, höher, und ist bei einiger Uebung leicht zu unterscheiden.

Das Reh klagt, wenn es von Angst oder Schmerz erfasst, einen hellen kreischenden, heiseren Schrei ausstösst.

Wenn im Spätherbste und Winter mehrere Rehe beisammen stehen, so wird diese im Frühjahre sich wieder auflösende Vereinigung Sprung genannt.

Der Rehbock setzt im Vorfrühling ein Gehörn auf, fegt es an weichen Junghölzern in den Monaten März und April — d. h. er schlägt oder reibt den Bast von denselben — und wirft das Gehörne im Spätherbste wieder ab.

Das Reh plätzt, indem es mit den Vorderläufen das Moos bei Seite scharrt, um sich ein Lager oder Bett zu bereiten; es sitzt oder ruht in demselben. Auch der Rehbock plätzt, indem er das Moos am Fusse der Stämmchen hinwegschleudert, während er den Bast vom Gehörne fegt.

Das Reh entwickelt vermöge des richtigen Verhältnisses seiner Gliedmassen zur Kraft und Elasticität der Sehnen eine grosse Behendigkeit, und ist im Stande, scherzend oder flüchtig gemacht, erstaunlich weite Bogensätze zu machen. Ich habe oft im Jagen ein Reh ohne sichtbare Anstrengung die Linie der Treiber überfallen sehen.

Das Reh ist schüchtern und furchtsam und verliert, im Treiben oder von scharfen Hunden angejagt, oft so alle Besinnung, dass es von seinen sehnigen Läufen nur soweit Gebrauch macht, um rathlos und oft verhoffend auf engem Raume umherzurollen, oder sich angesichts der Treiberwehre niederzuthun.

In Revieren jedoch, denen durch sorgfältige Hege und Auf-
sicht jene für das Gedeihen des Wildes überhaupt so nothwen-
dige Ruhe gewahrt wird, legt das Reh seine angeborne Scheu
insoweit ab, dass es den Menschen, besonders wenn derselbe
geht und nicht schleicht, bis auf 40 bis 50 Schritte ankommen
lässt. Keine Wildart lässt sich leichter im Bette überraschen.*)

Das Reh ist bezüglich seiner Aesung sehr wählerisch und
liebt die Abwechselung. Im Frühling und Spätherbste zieht es
in die Feld- und Vorhölzer ein, und besucht von da des Abends
und Morgens, wol auch am Tage, die Oelfrucht- und Roggen-
saat. Im Mai und Anfangs Juni tritt es auf die Wiesen aus,
und zieht sich im Hochsommer in die geschlossenen Waldungen
zurück, von welchen aus dasselbe zur Aesung auf die Schläge
tritt. Um diese Zeit sucht das Rehwild auch gerne die Getreide-
äcker auf und lagert sich in dieselben.

Eine vom Rehwilde sehr gesuchte und demselben auch
sehr zuträgliche Aesung bietet die Rapssaat im Herbste sowol

---

*) Wie sehr dies selbst bei Bocken der Fall ist, mag die folgende
Geschichte bekräftigen.

Ich wollte einst einen Purschgang unternehmen, und ging, von meinem
Büchsenspanner und dem Revierjager begleitet, einen breiten Weg entlang,
der den Wald von der Feldflur trennt, um jenen Ort zu erreichen, wo ich
mich pürschend von meinen Begleitern trennen wollte. Ich ertheilte dem
Revierjager einer Versäumniss wegen eben einen Verweis mit lauten und
heftigen Worten, als ich plötzlich 50 bis 60 Schritte vom Waldrande einen
starken Sechserbock erblickte, der niedergethan war und auf uns augte. Rasch
besonnen rief ich, ohne stehen zu bleiben und ohne den Ton meiner
Stimme zu ändern, meinem Jager zu, mir meine Büchse zu reichen,
welcher dem Befehle verblüfft nachkam. Im nächsten Augenblicke war die
Büchse im Anschlag, und die Kugel traf den Rehbock, während er sich aus
dem Bette rasch erheben wollte. Nun erst — es war dies Alles das Werk
weniger Secunden — klärte sich die verwunderte Miene meiner Begleiter,
welche den Bock nicht gesehen hatten, und sich das plötzlich unterbrochene
Gesprachsthema nicht erklären konnten.

als im Frühling, und es wechselt von seinen gewohnten Ständen aus, und zieht oft sehr weit in Feld- und Vorhölzer, die in der Nähe solcher Aecker liegen.

Im Sommer bieten die Schwämme und unter diesen namentlich die Edelpilze und Trüffeln eine Lieblingsäsung des Rehwildes, auch das Obst wird begierig von demselben angenommen. Das Reh äset auch die Knospen verschiedener Laub- und Nadelhölzer, und verbeisst gerne die Triebe der ersteren. Ich habe jedoch in meinen eigenen, mit einem starken Rehwildstande bevölkerten Revieren nie einen so bedeutenden und eine rationelle Forstcultur ernstlich bedrohenden Schaden in dieser Richtung gefunden, wie solcher mit einer verbissenen Vorliebe von einer gewissen Species von „Forstgärtnern" bejammert wird.

Es ist des echten Waidmanns Pflicht, in jeder Jahreszeit für eine reichliche Aesung des von ihm gehegten Wildes zu sorgen, und er wird hiedurch nicht nur die Forst-Culturen vor Schaden bewahren, sondern auch sein Wild sich als „Standwild" in des Wortes vollster Bedeutung erhalten.

Eine der wichtigsten Vorbedingungen für die Erhaltung eines guten und zahlreichen Rehwildstandes sind die Salzlecken.

Die zweckmässigsten Orte für deren Anlage sind stark begangene Wechsel in der Nähe des Wassers. Im Durchschnitte genügt eine Salzlecke für eine Waldfläche von 5o Joch. In meinen Gehegen werden die Lecken in folgender Weise hergerichtet und haben sich trefflich bewährt. Vier Theile feingesiebten, geschlemmten Lehms werden mit einem Theile Salz gemengt und in drei Fuss lange, aus unbehauenen Rundhölzern angefertigte Tröge eingeschlagen. Diese Mischung wird dann noch mit Salzlacke reichlich übergossen und mit Veilchenwurz-Pulver (pulvis radicis Iridis florentinae) bestreut und verwittert. Auch mit gepulverter Calmuswurzel habe ich — namentlich im

Winter — erfolgreiche Versuche gemacht. Auf die Auswahl und Zubereitung des Lehms ist alle Sorgfalt zu verwenden, und ist derselbe vollständig vom Sande zu reinigen.

Im Winter müssen überdies reichlich Prosthölzer gefällt werden, und vor Allem ist es die Espe, deren Knospen und Rinde das Reh mit Vorliebe annimmt.

Wer nicht so glücklich ist, über ausgedehnte und gut geschlossene Reviere zu gebieten, muss eifrigst dafür Sorge tragen, dem Rehwild innerhalb des Waldes möglichst viel Aesung zu bieten, um das Auswechseln desselben auf die angränzenden Aecker oder über die Revier-Gränzen zu verhindern. Diese Mühe wird reichlich — einerseits durch die möglichste Beschränkung der leider zu einem blühenden und einträglichen Gewerbe herangebildeten Wildschaden-Ersatzansprüche, anderseits durch den guten und zahlreichen Stand des Wildes gelohnt werden, und erlaube ich mir diesfalls Folgendes an zurathen:

Junge Culturen (in den Zwischenreihen), Waldblössen, Schneussen und Waldwege werden mittelst eiserner Rechen möglichst tief und gleichmässig verwundet und mit Gras-, Roth- und Weissklee-Samen besäet. Selbst die Anlage kleiner Kartoffeläcker, welche das Reh in den Hochsommer-Monaten gerne besucht, sowie die Pflanzung von Pfriemenkraut (Hasenkraut), von Haselnussstauden, von Himbeeren und Brombeeren an geeigneten Plätzen ist rathsam. Das Pfriemenkraut bildet im Winter eine Lieblingsäsung des Rehwildes. Dasselbe verbeisst die Jahrestriebe bis an den Stock, was jedoch im folgenden Jahre nur eine noch üppigere Vegetation der Pfrieme hervorruft.

Auf die Reinhaltung der Quellen und den Abfluss des sich stauenden und ansammelnden Wassers ist alle Sorgfalt zu verwenden, auch lohnt sich die Anlage kleiner Teiche, wo dieselbe durch Terrainverhältnisse begünstigt wird.

Vor Eintritt des Winters werden $2^1/_2$ Fuss hohe Futterbarren aus unbehauenen, unentrindeten Waldlatten nach bei-
folgender Skizze angefertigt und mit Rinde oder Reisig ein-
gedeckt.

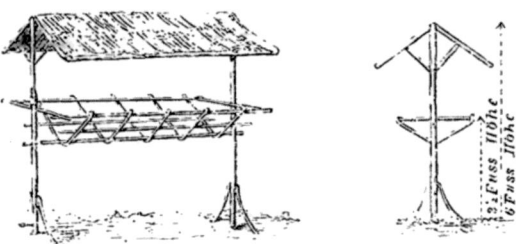

Diese Futterbarren werden schon im Herbste aufgestellt,
damit sich das Wild an deren Anblick gewöhne, und bei Eintritt des Winters legt man Aeste und Zweige der Espe in deren
unmittelbare Nähe dem Rehwilde zur Aesung vor. In wenigen
Tagen hat sich das Wild mit dieser Einrichtung vertraut gemacht, und sobald es die vorgelegten Aeste zu benagen beginnt,
lege man gutes Kleegras-Heu und ungedroschenen Hafer in
mässigen Gaben in die Raufen ein.

Bei einfallendem Schnee wird man sich die erfreuliche
Ueberzeugung verschaffen, dass die Rehe ihren Winterstand in
unmittelbarer Nähe der Futterplätze wählen und ohne muth-
willige Beunruhigung auch bis zum Eintritte des Frühjahrs
nicht verlassen. Das Reh gewöhnt trotz seiner angebornen
Schüchternheit den Anblick des mit dem Einlegen des Futters
betrauten Mannes sehr bald, und verlässt sein oft in nächster
Nähe befindliches Bette nicht, oder es folgt dessen Spur in der
Entfernung von kaum hundert Schritten mit hochgehobenen
Läufen, den zierlichen Kopf begehrlich vorstreckend.

Der beste Standort solcher Futterbarren sind starkbe-
gangene Wechsel in möglichst ruhigen, vor rauhen West- und
Nordwinden geschützten Beständen in der Nähe des Wassers.
Nachdem die Rehe zu dieser Zeit familienweise — im Sprunge
— beisammenstehen, so liess ich, durch die Erfahrung belehrt,
dass die schwächeren Stücke stets verdrängt und abgeschlagen
werden, je zwei Barren an einem Standorte in einer Entfernung
von 20 bis 50 Schritten aufstellen.

Hat man Vogelbeeren zur Verfügung, so wird man selbe
viel zweckmässiger zur Winteräsung für Rehwild als zum
Fange der nützlichen Drossel verwenden.

Das Reh liebt die Vogelbeeren leidenschaftlich, und ich
habe oft beobachtet, wie es die in Reserve unter der Bedachung
der Raufen aufgebundenen Traubenbüschel dieser gesunden zu-
träglichen Winteräsung, nachdem die tägliche Gabe rasch auf-
gezehrt war, dadurch zu erhaschen suchte, dass es sich fast
senkrecht auf den Hinterläufen erhob. Auch die Früchte der
Buchen und Eichen sind eine ebenso gesunde als gesuchte
Aesung des Rehwildes.

In neuerer Zeit liess ich versuchsweise auch einen Theil der
Aeste und Zweige von Obstbäumen den Aesungsplätzen zu-
führen, welche in reichlicher Menge bei dem Ausästen der Obst-
baumanlagen gewonnen werden, und habe mir die Ueberzeugung
verschafft, dass die Rinde derselben vom Rehwilde begierig angenommen wird.

Je mehr und je rationeller der Waidmann für eine aus-
reichende und dem Naturell des Rehwildes zusagende Winteräsung vorsorgt, desto weniger wird der Forstmann Ursache
haben, das Verbeissen der Culturen zu beklagen.

Als ich die vorerwähnten Verfügungen zur Hege und
Pflege des Rehwildes in meinen damals nur spärlich bevölkerten
Revieren traf, liessen mich die verblüfften Physiognomien meiner

Jäger einen passiven Widerstand gegen diese „neuen Ideen" befürchten, und auch von anderen Waidmännern und Jagdfreunden wurden meine „Hege-Versuche" belächelt und bekrittelt.

Mit unbeugsamem Willen erzwang ich jedoch die gewissenhafte und pünktliche Durchführung meiner Anordnungen, deren Zweckmässigkeit in kürzester Zeit durch glänzende Resultate ausser allem Zweifel gestellt war.

Der Rehwildstand hat sich trotz den sehr misslichen nachbarlichen Jagdverhältnissen in wahrhaft überraschender Weise vermehrt und wurde zum Standwild im vollsten Sinne des Wortes herangezogen.

Der tödtlichste Feind des edlen Rehwildes ist der Mangel einer entsprechenden und ausreichenden Winteräsung, und für so manchen herben Verlust werden die Ursachen aus nebelhaften Fernen herbeigeholt, während dieselben stets in der nächsten Nähe zu suchen und — zu finden sind. *)

Trotz manchem harten, anhaltend strengen und schneereichen Winter betrug der Abgang meines über 150 Stücke zählenden Standes an Rehwild innerhalb zehn Jahren: vier alte Ricken (in Folge hohen Alters), eilf Schmalrehe und geringe Böcke.

Das Rehwild begattet sich in den Monaten Juli und August. Die Begattungsperiode wird waidmännisch Brunft oder Blattzeit genannt.

---

*) Das Rehwild ist „weich" und mannigfachen Krankheiten unterworfen, doch besitzt jeder gewissenhafte und erfahrene Waidmann ein Buch, in welchem er stets Rath und Hilfe finden wird: Es ist der Wald in seiner unverkümmerten Mannigfaltigkeit, und auf den Blättern der Eberesche, der Eiche, der Weidenarten, der Erle und Aspe, der Him- und Brombeere stehen die besten Recepte geschrieben.

Schon Anfangs Juli gibt sich beim Rehbock, welcher vom Monate Mai ab meist allein stand, eine gewisse Aufregung kund, und er beginnt neuerdings zu plätzen und zu fegen.

Mit übersprudelndem, kraftvollem Uebermuth schleudert er das Moos mit den Vorderläufen weit umher, und zieht schon in den ersten Tagen des Monates Juli den seit der Setzzeit ebenfalls isolirt stehenden Schmalrehen eifrig nach.

Hitzig und begehrlich sprengt der Bock die Ricke bis zur Ermattung, und erst nach langem Widerstreben räumt sie ihm den vollen Genuss der Gattenrechte ein.

Bei der Verfolgung — dem Sprengen — vernimmt man ein ziemlich weit hörbares Schnaufen und Pfeifen des Rehbockes, welches durch die Aufregung und das angestrengte Athmen hervorgebracht wird.

Das Schmalreh lässt in der Zeit, wo die Brunft ihren Höhepunkt erreicht, einen Lockruf vernehmen, welcher dem Fipplaut der Kitze ähnlich, doch etwas tiefer klingt. Durch Buchstaben ausgedrückt, lautet er etwa:

$$i - i - i\breve{a}, \quad i - i - i\breve{a}.$$

Das Schmalreh, vom Rehbock gedrängt und verfolgt, stösst Angstlaute aus, welche dem Fipp- und Locklaute ähnlich, jedoch kreischender klingen. Durch Buchstaben ausgedrückt, lauten sie etwa:

$$iii\ i\breve{a}\quad iii\ i\breve{a}\quad i\breve{a}\ i\breve{a}\ i\breve{a}\quad i\breve{e}\breve{e}.$$

Der Begattungs-Act wird sehr rasch vollzogen und oft wiederholt. Der Streit, ob in der vorbezeichneten oder der December-Brunft (denn auch um diese Zeit wird die Ricke vom Bock gesprengt), die wahre und befruchtende Begattung vollzogen werde, ist als beendet anzusehen, obwol es noch eine ziemliche Zahl alter Jäger geben mag, welche die December-

Brunft als die echte ansprechen. Das Verdienst, die interessante Streitfrage durch wissenschaftliche Untersuchungen einer endlichen Lösung zugeführt zu haben, gebührt dem Dr. L. Ziegler aus Hannover und dem berühmten Physiologen Professor Bischoff in Heidelberg, und ich erlaube mir, das Resultat der physiologischen Forschungen in den folgenden Sätzen zusammen zu fassen.

„Die fruchtbare Begattung des Rehwildes findet nur in den Monaten Juli und August statt, da die Ricke nur zu dieser Zeit reife Eier und der Bock fruchtbaren Samen hat, in welchem sich die nöthige Menge Samenfäden (Spermatozoen) vorfindet.*) Während der Brunft, meist gleich nach dem „Beschlagen", löst sich das Ei vom Eierstocke ab, tritt in die Eileiter, und wird da vom Samen befruchtet.

Das Ei geht im Verlaufe von einigen Tagen durch den Eileiter hindurch, und gelangt, ohne an Grösse zugenommen zu haben, in die Gebärmutter. Dortselbst verweilt das Ei ohne die geringste Veränderung 4½ Monate. Von dieser Zeit ab beginnt das Ei jedoch rasch zu wachsen und sich derart zu entwickeln, dass innerhalb drei Wochen die ganze Frucht mit ihren Häuten gebildet ist, und fortan bis zur Geburt nur eine Vergrösserung erleidet".

Die Geburt — das Setzen — erfolgt somit 40 Wochen nach der befruchtenden Begattung. Warum die Frucht so lange Zeit ohne sichtbare Veränderung bleibt, ist ein noch ungelöstes Räthsel.

*) Ich habe in den Monaten Juli und August oft, nie aber im December den Begattungsact beobachtet. Eine interessante Ausnahme obiger Regel beobachtete ich im April 1874, wo ein starker Sechserbock, welcher in einem Wallgraben meines Schlosses K. mit noch sechs anderen Stücken Rehwild gehegt wird, ein Altreh wiederholt beschlug. Das Altreh verunglückte leider im Spatherbste desselben Jahres, und war hoch beschlagen.

Die Ricke setzt dann ein oder zwei Kitze in dichten Schonungen, wol auch im hohen Getreide, und entfernt sich in der ersten Periode nur auf kurze Zeit von den zärtlich geliebten und ihrer mütterlichen Obsorge sehr bedürftigen Kitzchen.*)

Allmälig jedoch entwöhnt die Mutter ihr Junges und zieht auf Aesung aus, während sich das letztere im dichten, schattigen Holze niederthut. Bald jedoch ruft es die Mutter wieder mit einem zarten Fipplaut, dem dasselbe auch sofort Gehör zu geben pflegt.

Oft habe ich säugende Ricken auf einsamen Schlägen und Waldblössen belauscht, wie sie, auf jeden Laut aufmerksam, stets in jene Gegend äugten, wo sie ihre Kitzchen zurückliessen. Ein einziger Fipplaut von dorther genügte, um die dringend nöthige Mahlzeit — „sie isst und trinkt nicht nur für zwei", sondern sehr oft für drei — sofort zu unterbrechen, und in scharfem Troll oder in kurzen Fluchten der Erfüllung der Mutterpflichten zuzueilen. Ich kenne wenige Thiere, die es den Rehkitzen an Zierlichkeit zuvorthun, und wenige, die selbst den ernsten Waidmann mit schüchternem Blicke ihrer prachtvollen glänzenden Lichter so recht zum Herzen und Liebkosen und — zu sorgsamer Hege — einladen.

Während der Setzzeit und mindestens vier bis sechs Wochen nach derselben muss das Jagdschutzpersonale mit der grössten Gewissenhaftigkeit und mit ernstem Eifer die vollste Ruhe in den Gehegen aufrecht erhalten. Vor Allem sind die Raff- und Leseholztage um diese Zeit zu suspendiren, auf

*) Mein Förster R. fand vor einigen Jahren eine Ricke, die während dem Setzen eingegangen war. Zwei todte Kitzchen, deren Lage vermuthen liess, dass selbe lebend zur Welt kamen, ruhten neben der Mutter, die bei der Geburt des dritten verendete.

Solche Fruchtbarkeit pflegt meist einen unglücklichen Ausgang zu haben.

die Abhaltung jagender Hunde und die Vertilgung des Raub-
wildes überhaupt alle Sorgfalt zu verwenden.

So mancher Jagdherr ahnt nicht, welcher bedeutende Schaden
ihm an diesem edlen Wilde jährlich zugefügt wird, wenn das
Jagdschutzpersonale nicht mit vollem Wissen und
Wollen seine Schuldigkeit thut. Die volle und berück-
sichtigenswerthe Wahrheit des Gesagten kann ich durch ein
Beispiel beweisen.

An den Gränzen meines Besitzes wurde eine Eisenbahn
gebaut, und in Folge häufiger Niederschläge wuchsen leider kurz
nach der Setzzeit in einem der Bahnlinie zunächst gelegenen
Reviere sehr viel Schwämme. Ganze Schaaren unberufener Sucher
und Besucher durchstreiften den Wald, und die Abmahnungen
der Jäger blieben fruchtlos. Auf die mir erstatteten Meldungen
gestattete ich wol aus Rücksichten der Humanität das Auflesen
der Schwämme, musste aber leider die Concession theuer büssen.

Es verging kaum eine Woche, in welcher nicht Schlingen
gefunden und abgenommen wurden. In jenem Reviere waren
16 alte Ricken mit 23 Kitzen bestätigt, von letzteren blieben
jedoch im Herbste nur mehr 5 Kitze übrig; die anderen wurden
in der vorgenannten Periode erschlagen und gestohlen. Das
Rehkitz lässt sich sehr leicht im Bette überraschen, und selbst
wenn es flieht, so genügt ein barscher Ruf oder Schrei, um es
sofort zum Niederthun zu veranlassen.

Sobald die Kitze erstarkt sind, begleiten sie die Mutter
auf die Aesung, und dieselbe lehrt sie schon nach 6—8 Wochen
feinere Gräser und Knospen aufnehmen. Einen lieblichen Anblick gewähren die Kitzchen, wenn sie scherzend in tollen muth-
willigen Sprüngen die sorgsame Mutter umkreisen, die sie im
Nothfalle mit den Vorderläufen muthvoll und aufopfernd gegen
Angriffe der Raubthiere zu vertheidigen versteht. Meister Reinecke
dürfte diesfalls Manches zu erzählen wissen.

Wo die Kraft der Mutter nicht ausreicht, da nimmt sie zur List ihre Zuflucht, und sucht die Gefahr von ihren Jungen dadurch abzuleiten, dass sich das sonst so schüchterne Thier mit der grössten Aufopferung derselben preisgibt. *)

Leider wird dies von Wilderern oft genug missbraucht, und die säugende Ricke fällt als Opfer der Mutterliebe. Dies ist um so öfter der Fall, als die säugende Ricke eifrig auf's Blatt springt, wenn der Fipplaut des Kälbchens auf einem Birnblatte, einem Streifen Birkenrinde oder mit einem eigens construirten Locker nachgeahmt wird. Vom „Blatten" wird in dem Abschnitte, welcher die Jagd behandelt, ausführlich gesprochen werden, und will ich hier nur bemerken, dass es räthlich sei, dort, wo der Unfug des Blattens durch Wilderer geübt wird, das Jagdschutzpersonale zum Verblatten strenge anzuweisen. Die Ricken werden nämlich durch den Fipplaut angelockt, und wenn sie angesprungen sind, durch Anrufen oder Händeklatschen verscheucht.

Rehkälber, früh eingefangen und mit Kuhmilch, oder was dem noch vorzuziehen ist, von einer Ziege gesäugt, werden sehr zahm und zutraulich. Jene des weiblichen Geschlechtes

---

*) Obzwar das, was ich hier anführe, nicht in den Rahmen der „Skizzen" über das Rehwild gehört, so scheint es mir doch in psychologischer Richtung so interessant, dass ich mir die kleine Abschweifung gestatte. Ich besitze eine sehr schneidige Pointer-Hündin, die ich für die Hühnerjagd verwende, und vor welcher ich bereits an die 2000 Hühner schoss, die sie vorgestanden und apportirt hat. Oft nun traf es sich, dass ich bei der Suche schwache, noch nicht flügge Ketten der zweiten Brut antraf. Wenn nun die Hündin auf mein Commando avancirte und der Hahn lärmend auf flog, um sofort wieder einzufallen, so kam jedesmal die bewährte Meisterin mit eingezogener Ruthe zu meinen Füssen, von der Rebhenne wüthend verfolgt Dieser sehr oft sich wiederholende Fall gab mir zu denken, und scheint zu beweisen, dass selbst das feindliche Thier die Mutterliebe in ihrem schönsten Relief — der todesmuthigen Aufopferung — zu achten scheint.

bleiben es für immer, nicht aber die Kitzböcke, welche sehr
bald unbändig und vom zweiten Jahre ab — namentlich dem
schönen Geschlechte — sehr gefährlich werden. Sie sind im
Stande, mit dem Gehörne sehr schwere Verletzungen beizu-
bringen, die oft schon den Starrkrampf und den Tod als Folge
hatten. Das Absägen der Gehörne kann wol Wunden, nicht
aber ebenso schmerzhafte und kraftvolle Stösse des Rehbockes
verhindern. Will man einen Rehbock gezähmt halten, so lasse
man ihn bei Zeiten castriren. Im andern Falle ist dies ernstlich
zu widerrathen. Ich habe durch längere Zeit eine zahme Ricke
im Hause gehalten, die ihre Umzäunung willig mit Pfauen und
einem als Schweisshund zur Rehjagd ausgezeichnet
verwendbaren und sehr scharfen Dachshunde theilte
und mit letzterem auf dem vertrautesten Fusse stand. Einer
meiner Nachbarn, Freiherr von Ir., hatte einen gezähmten Rehbock, der sich sans gêne in der Küche bewegte, dem Koch
Mandeln und Zucker stahl, und sogar Rehbraten begierig
verzehrte. Das graciöse Thier, welches frei umherlief, wurde
durch Bauernburschen einst auf das brutalste misshandelt, so
dass es, um seinen Qualen ein Ende zu machen, getödtet werden musste.

Das Rehwildpret verdient seiner Zartheit und Schmack-
haftigkeit wegen vor Allem den Vorzug.

Das Unschlitt wird in gleicher Weise wie jenes des Edel-
wildes benutzt. Die Haut (Sommerdecke) wird zu geschmeidigem,
sehr gesuchten Leder, die Winterdecke meist behaart gar
gemacht.

Der Rehbock ist von Ende Mai bis Anfang Juli am feistesten,
nicht minder gut am Leibe ist das Rehwild überhaupt im Monate
November, bei voller Aesung der grünen frischen Wintersaat.

Das meiste Feist setzt sich an den Nieren und dem Netze an, an den übrigen Körpertheilen legt das Reh mehr an Wildpret zu.

Wird ein Rehbock während der Brunft erlegt, so ist es rathsam, die Hoden (das Kurzwildpret) sofort mit dem Waidmesser aus der Decke auszulösen und zu entfernen, damit der Geschmack des Wildprets nicht leide.

Das waidgerechte Aufbrechen des erlegten Rehwildes geschieht in entfernteren Revieren meist auf dem Platze, wird jedoch das Wild noch weiter transportirt, so ist es gerathen, dasselbe zu lüften, indem man mit dem Waidmesser durch die Decke in den Wanst sticht, damit die nach dem Tode sich bildenden und den Leib auftreibenden übelriechenden Gase entweichen können.

Das Aufbrechen des Wildes geschieht in folgender Weise: Der Jäger tritt vor den Kopf des erlegten Stückes, welches auf den Rücken gelegt wird, und schärft mit dem Waidmesser die Haut am Halse vom Drosselknopfe bis zur Brusthöhle auf. Nun wird der Schlund vom Drosselknopfe abgelöst, bis tief in die Brust von der Luftröhre losgetrennt, dann die untere muskulöse Umgebung des Schlundes rund um denselben vorsichtig abgeschärft, und wenn dieses geschehen ist, das Wildpret einige Zoll nach oben und unten von dem weissen Schlunde, welcher nicht verletzt werden darf, abgedrückt. Hierauf wird der Schlund verknüpft, damit keine Aesung herausfliessen kann, und das Wildpret wieder in seine frühere Lage zurückgeschoben.

Nun hat der Jäger zwischen die Hinterläufe zu treten und schärft die Haut vom Kurzwildpret über die Mitte des Bauches bis zur Brust auf. Hierauf wird die Brunftruthe ausgelöst, und da wo der Bauch an das Schloss stösst, ein Einschnitt in den Leib gemacht.

2

In diesen Einschnitt werden nun die Finger geschoben und mittelst derselben die Blase und das Geschaide etwas zurückgedrückt, und nun schlitzt man mit dem zwischen dem Zeige- und Mittelfinger gehaltenen Messer die Bauchdecken bis zur Brust auf, ohne jedoch das Geschaide zu verletzen.

Nun greift man mit beiden Händen in den Leib, umfasst den Wanst an der Stelle, wo der Schlund einmündet, zieht denselben ein und legt das ganze Geschaide an die rechte Seite des Wildes.

Nachdem das Geschaide entfernt ist, löst man das Schloss im Knorpel und trennt den Mastdarm vom Waidloche ab, dann sticht man die Brandadern an den Keulen auf, löst die die Herzkammern bildenden Wände ab, sticht den Drosselknopf ab, zieht die Drossel in die Herzkammer hinein, und reisst dann das „Geräusch" (Herz, Lunge und Leber) heraus, lässt den Schweiss aus dem Leibe abtropfen, und füllt denselben mit frischen „Brüchen" (belaubten oder benadelten Zweigen), und „streckt" das Wild auf der Anschussseite.

Hierauf wird in das Geäse ebenfalls ein frischer Bruch eingeschoben, und der Aufbruch ist hiemit vollendet.

Das Zerlegen des aufgebrochenen Wildes geschieht in folgender Weise: Das zu zerlegende Stück wird, nachdem das Gehörne mittelst einer scharfen Säge mit einem zwei Zoll breiten Theile der Hirnschale ausgesägt und das Gehirn herausgenommen worden, auf den Rücken gelegt und die Keulen auseinandergedrückt. Nachdem die Decke an den Läufen ober den Kniegelenken durch einen kreisförmigen Schnitt getrennt ist, wird die Decke vorsichtig mit dem Waidmesser und den Fingern abgestreift. Hierauf werden die Vorderläufe mit den Blättern abgelöst. Dann trennt man rechts und links die Flemme und führt einen geraden Schnitt bis zur ersten Rippe, wo dieselbe an den Halsknochen stösst, lässt die Rippen am Rückgrade ungefähr eine Handbreit stehen, und schlägt das Uebrige mit einem Beile, indem man unter die Rippen ein Holz als Unterlage einschiebt, glatt ab. Nun wird der Kopf und Hals (welche nebst dem Geräusch das Jägerrecht bilden) abgeschlagen, hierauf werden die Keulen abgenommen, indem man die an denselben befindliche Kugel aus der Pfanne löst und den Ziemer (Zemmer) in seiner vollen Länge aushebt. Hiemit ist die waidmännische Arbeit des Zerlegens beendet. Die Decke wird zum Trocknen auf ein Brett genagelt.

II. Die Hege und Jagd.

Ich spreche eine gute Neue*) für ein leeres Blatt an, auf welches die Fährten und Spuren des Wildes im Gehege demjenigen ein Ehren- oder Schandzeugniss mit treuer Wahrheit zeichnen, dessen Obsorge dasselbe übergeben wurde.

Ein tüchtiger Waidmann sollte sich die beiden Bezeichnungen, mit welchen dieser Abschnitt überschrieben ist, stets mit einem Bindezeichen enge verbunden denken, denn nur eine gute Hege sichert eine gute Jagd, und bei Ausübung der letzteren muss man die erstere stets vor Augen haben.

Ein tüchtiger Waidmann muss wissen, wie er zu hegen habe, und muss wissen, wann und was er jagen, d. h. erlegen soll. Ich erwähne dies ausdrücklich, weil ich nicht eben Jeden nur seines Kleides und des ihm übertragenen Amtes wegen als Waidmann anerkenne, und weil leider ein grosser Theil der edlen grünen Gilde mit dem Verfalle der Jagd gleichen Schritt hält. Die gute alte Schule, in der dem Jünger vom Meister gelehrt wurde, seine Pflichten mit vollem Verständniss, mit Liebe und aufopfernder Pflichttreue zu erfüllen, ist leider vielfach ausser Uebung gesetzt worden.

---

*) „Neue" ist die waidgerechte Bezeichnung für frischgefallenen Schnee, welcher das Abspüren des Wildstandes begünstigt.

Ich verwahre mich gegen die Unterstellung, als wollte ich es beklagen, dass der Waidmann und Forstmann auch an der Hand der Wissenschaft einziehe in die herrlichen, seiner Obsorge anvertrauten grünen Hallen — aber das beklage ich, dass man leider echten Waidmännern heute selten und viel mehr Solchen begegnet, die mit Augengläsern und Modestiefelchen, halbem Wissen und ganzer Sorglosigkeit ein recht zweifelhaftes Surrogat der mannhaften und wetterfesten grünen Gilde repräsentiren.

Möge mir der geneigte Leser den subjectiven „Absprung" verzeihen, mit welchem ich das Capitel Jagd und Hege einleite.

Die erste und wichtigste Obliegenheit bei Beginn einer rationellen Hege des Rehwildes ist: Die möglichst genaue Feststellung des vorhandenen Standes nach Zahl und Geschlecht.

Diese wichtige Grundlage einer erfolgreichen Hege und eines mit derselben in gleich befriedigender Höhe sich erhaltenden Abschusses ist eine allerdings mühevolle und gewissenhaft durchzuführende Arbeit, aber — sie ist durchführbar und lohnend.

Die zweckmässigste Zeit zur Feststellung des Standes ist der Winter. Die erste eintretende Neue ist vor Allem dazu zu benützen, möglichst genau vorläufig die Zahl der Stücke und die Orte zu notiren, in welchen dieselben stehen.

Zu diesem Behufe umkreist man jeden Forstort (Trieb-Section) und verzeichnet die Zahl der ein- und auswechselnden Stücke. Die Subtraction der beiden gewonnenen Zahlen zeigt dann, ob das Wild blos durchgewechselt, oder aber wie viel in dem umkreisten Forstorte stehen geblieben ist. Ist nun das ganze Revier in dieser Weise gekreist, und die Zahl der in demselben stehenden Stücke verzeichnet, so achte man genau, wie viel Stücke über die Gränzen ein- und ausgewechselt sind, und verzeichne dieselben unter der Rubrik: Wechselwild.

Jede künftige Neue ist zur genauen Controlirung des Abspürungs-Resultates gewissenhaft zu benützen, und auf diese Weise der Stand des vorhandenen Rehwildes unter den beiden Rubriken: Stand- und Wechselwild in Rücksicht der Anzahl anzuführen. Hat man bei Zeiten im Herbste für die Einrichtung der Futterplätze in der von mir angeführten und praktisch bewährten Weise Sorge getragen, so ist es eine interessante und anregende Arbeit, sich an dieselben anzupürschen oder in gutem Winde anzustellen, und jene Stücke nach Alter und Geschlecht zu notiren, welche je zwei nahe aneinander liegende Futterplätze besuchen.

Man übersehe es ja nicht, stets je zwei Futterbarren nahe an einander, etwa in der Entfernung von 3o bis 6o Schritten, aufzustellen, damit die geringeren Glieder eines Sprunges nicht verdrängt werden. Besonders zu Ende des Winters sorge man reichlich für gute und zweckmässige Aesung. Der Uebergang aus der trockenen in die grüne Aesung, der nahe Haarwechsel, die Gehörnbildung der Böcke, die vorgerückte Tragezeit der Ricken, dies Alles bildet eine für das Gedeihen des Rehstandes höchst gefahrvolle Periode und macht die Nachhülfen einer sorgsamen rationellen Pflege dringend nöthig.

Wenn die Aesung regelmässig und pünktlich zur selben Zeit eingelegt wird, so wird man sich überzeugen, dass sich auch das Wild mit gleicher Pünktlichkeit einfindet, was die Controle und Bestätigung sehr erleichtert.

Von weitem schon sind um diese Jahreszeit die Böcke am bastigen Gehörne, am Spiegel und Pinsel erkennbar, und es bietet sich die beste Gelegenheit, die Böcke nach der Form und Stärke ihrer Gehörne zu verzeichnen.

Diese Aufzeichnungen sind für den seinerzeit festzustellenden Abschuss ebenso wichtig als interessant.

Die etwa kranken Stücke sind genau zu beobachten und im Falle keine Besserung eintritt, abzuschiessen. Dies darf indess keineswegs in unmittelbarer Nähe des Futterplatzes geschehen, da sonst das übrige Wild durch die Witterung des Schweisses verscheucht würde. Der Ausweis über den Stand des Wildes im Sinne des Vorgesagten hätte dann aus folgenden Rubriken zu bestehen.

Revier	Forst-Ort	Stand-Wild in Summa	und zwar.						Anmerkung
			Monstrose fiehorne tras. Böcke	Sechser	Gable	Spiesser	Alte Rücken	Schmaltrele	

Das Wechselwild ist in gleichen Rubriken anzuführen.

Sobald bei Beginn des Frühjahres das Wild auf die Wintersaaten und später auf die Wiesen und Schläge zur Aesung auszieht, ist dann das während des Winters verzeichnete Abspürungs-Resultat neuerdings mit möglichster Genauigkeit zu controliren und nun in die Ausweise des Jagdjahres aufzunehmen. Dieser Ausweis bildet nun die Basis bei Feststellung des in diesem Jahre vorzunehmenden Abschusses.

Es mag wol dieses Vorgehen von Manchem als Pedanterie und unnütze Bemühung bezeichnet, und ein günstiges Resultat angezweifelt werden. Solchen Einwürfen — falls selbe gemacht werden sollten — kann ich einfach den wirklich glänzenden Erfolg als Factum entgegenstellen, welchen ich durch consequente Durchführung des Gesagten dauernd erzielte.

Mit dem Eintritt des Frühjahrs beginnen die guten, etwas später die geringen Böcke ihr Gehörne zu fegen. Der Forstort, wo dies geschieht, die Stärke der Hölzer, an welchen und

die Art, wie sie an denselben fegen, wird den Revier-
jäger nach einiger Uebung und aufmerksamer Beobachtung bald
mit der Individualität des fegenden Bockes bekannt machen,
und bietet neuerdings den Anlass, die im Winter und Vorfrühling verzeichneten Böcke zu controliren. Ich habe die Beobachtung gemacht, dass die Rehböcke während des Fegens
ihren Wechsel ziemlich genau einhalten, und dass gewisse Forstorte stets von den stärksten Böcken des Revieres als Lieblings-
Stand gewählt werden. Ist ein solcher „Platzbock" abgeschossen,
so wird man sich überzeugen, dass sein Stand noch in demselben, gewiss aber im nächsten Jahre wieder von einem braven
Bock besetzt sein wird.

Die Art und Weise, wie der fegende Bock die Rinde des
Holzes abschärft, führt oft und leicht zur Bestätigung eines ein
widersinniges Gehörn tragenden Bockes.

Während der normale Sechser oder Gabler je nach der
Stellung und Stärke seiner Stangen ein schwächeres oder stär-
keres Bäumchen zum Fegen seines Gehörnes wählt, und selbes
an beiden Seiten wund reibt, fegt der Träger eines widersinnigen Gehörns von dieser Regel vielfach abweichend; ein
genauer Vergleich wird dies bald ersichtlich machen. Die in
einem meiner Reviere stehenden und ein Zwerggehörn*)
tragenden Rehböcke fegen fast ausnahmslos an der Vorderseite
sechs- bis zehnzölliger Fichten oder Tannen, und schneiden oft
ganze Längsstreifen der Rinde mit den scharfen Enden und
Perlen ab.

Der geringe Spiesser oder Gabler versucht seine ersten
diesfälligen Debuts meist an Wachholdersträuchern oder schwachen
Unterwuchs-Stämmchen.

*) Höchst interessante Missbildungen, welche in dem Abschnitte „Ge-
hörnbildung" näher beschrieben werden.

Ist der Stand der Rehböcke und der Ricken mit möglichster Genauigkeit festgestellt, so kann nun die Zahl und Qualität der im laufenden Jahre abzuschiessenden Böcke in folgender Weise bestimmt werden.

Man bestimmt auf je zwei bis vier Ricken des Standes einen Bock — die Spiesser mit eingerechnet — und der Rest der Böcke kann zum Abschuss kommen. Man beginne mit dem Abschusse der stärksten und auch jener Böcke, die sich exponirte und gefährdete Stände gewählt haben.

Durch den Abschuss der stärksten Böcke v o r der Brunft erreicht man den Vortheil, dass die j ü n g e r e n und auch z e u g u n g s k r ä f t i g e r e n Böcke nicht abgekämpft werden, und, wie dies meist der Fall ist, aus dem Reviere verdrängt und verjagt, in benachbarte Reviere ihre Liebesnöthen tragen.

Ein alter Rehbock trollt während der Brunft stets unruhig umher, und findet er einen geringeren Bock bei der Ricke, so kämpft er denselben sofort ab, oft ohne weitere Notiz von letzterer zu nehmen, und vergeudet auf diese Weise Zeit und Kraft, die bei dem Mutterthiere jedenfalls besser zu benutzen gewesen wäre.

Stehen bei Beginn der Brunft unverhältnissmässig viele Böcke im Reviere, so kann man ein unaufhörliches Kämpfen und Jagen beobachten, wodurch dem Begehren des Mutterwildes nicht nach Gebühr Rechnung getragen wird. Es kann dann der Fall eintreten, dass mehrere — und meist die noch schüchternen Schmalrehe — unbeschlagen und gelte bleiben. Solche Ricken werden dann sehr feist und nehmen in diesem Falle nie wieder auf, wodurch der jährliche Zuwachs oft recht empfindlich geschmälert wird.

Der gehoffte reichliche Abschuss von Rehböcken wird sich dann ganz bestimmt auch als illusorisch erweisen; denn der starke Bock wechselt wie bekannt in der Brunft weit umher, und so kann es geschehen, dass derselbe, wenn man nicht eben stundenweit ausgedehnte Revier-Complexe besitzt, zu Ende der Brunft — nachdem er vorher alle seine jüngeren Rivalen aus dem Felde geschlagen hat — selbst auch noch auswechselt. Oft hörte ich aus dem Munde sonst bewährter Jäger den Ausspruch: Das Revier ist nicht günstig für die Hege des Rehwildes gelegen, das Rehwild vermehrt sich schlecht und verträgt sich nicht u. s. w.

Und doch behaupte ich — gestützt auf meine Erfahrungen und Beobachtungen, dass zu solchen Klagen meist nur eine fehlerhafte Hege Grund und Anlass gibt.

Oft tritt der Fall ein, dass verhältnissmässig weit mehr Kitzböcke fallen als Ricken, und im folgenden Jahre ein Ueberschuss an geringen Böcken sich herausstellt.

Eine sorgfältige im Sinne des Vorgesagten durchgeführte Controle wird die Ueberzahl bald feststellen, und es sind dann stets die geringsten Böcke zur Herstellung eines normalen Verhältnisses neben den stärksten in die Abschussliste aufzunehmen.

Sollte der Abschuss der starken Böcke bei Eintritt der Brunft noch nicht durchgeführt sein, was oft aus mancherlei Rücksichten der Fall ist, so muss nun der Abschuss durch eifrige Pürschgänge und den Anstand beschleunigt werden.

Ein alter Rehbock ist überdies in der Brunft auch dem Mutterwilde und namentlich den Kitzen gefährlich. Mir sind mehrere Fälle bekannt, wo solche griesgrämige alte Böcke die Ricken mit ihrem Gehörne niederstiessen, wenn selbe ihnen nicht sofort zu Willen waren.

Ein mir befreundeter, sehr tüchtiger Waidmann, Fürst W. W . . eg, sah einst einen Bock, nachdem er die Ricke eine Zeitlang gesprengt hatte und sie ihm noch immer den Minnesold verweigerte, durch wiederholte Angriffe mit dem Gehörne zu Tode stossen. Er bestrafte den Mörder sofort durch einen wohlgezielten Kugelschuss.

Ein ähnliches Erlebniss hatte ich selbst, nur ereilte damals den Mörder die Strafe nicht sofort.

Ich ging einst von einer meiner Meiereien heim, und wählte, der drückenden Hitze wegen, den Weg durch den Wald. In einen schattigen Pürschsteig einbiegend, sah ich eine Ricke, von einem Kitz gefolgt, denselben flüchtig übersetzen. Ein Capitalbock, dem ich schon oft den Tod geschworen und der meinen Pürschgängen stets mit der raffinirtesten Schlauheit auszuweichen wusste, folgte den Beiden hitzig nach.

Das Geprassel und Gepolter klang immer näher, da setzt das Kitz, vom Bocke verfolgt, flüchtig über den Weg wieder zurück. Wenige Schritte von mir entfernt, ereilte der Verfolger das Kitz, erfasste es mit dem Gehörne, und schleuderte es klafterweit fort. Der Kitzbock (ein solcher war der Verfolgte) brach mit einem Angstlaut zusammen, und schon stand der starke Bock wieder ober ihm, und stiess ihn heftig mit den Vorderläufen. Trotzdem derselbe mir zugewendet stand und ich ganz ungedeckt war, unterbrach er, ins Holz flüchtend, seinen Racheact erst dann, als ich in seine unmittelbare Nähe kam. Den armen Kleinen fand ich bereits verendet.

Ich hatte leider nur einen leichten Stock zur Hand, und bedauerte recht sehr, an dem längst proscribirten geilen Mörder nicht sofort Justiz üben zu können.

Im August 1867 war ich ebenfalls Zeuge einer ähnlichen Missethat, die gleichfalls einen tödtlichen Ausgang hatte.

Am Ufer eines Waldbaches pürschend, ersah ich am Kamme einer felsigen Lehne, welche steil gegen das Wasser abfiel, einen sehr starken, ein Zwerggehörn tragenden Bock eine alte Ricke sprengen. Plötzlich stiess derselbe die Ricke mit dem Gehörne heftig in die Seite, und sie rollte, sich mehrmal überschlagend, den steilen Abhang herab in den Bach. Leider war der Bock im nächsten Augenblicke verschwunden. Ich näherte mich der Ricke, und sah, dass sie ein starkes Gesäuge, somit Kitze habe. Sie machte einen mühsamen Versuch, zu entfliehen, brach aber nach einigen Schritten wieder zusammen.

Ich rief mit dem Hüfthorn einen Jäger herbei und ertheilte ihm den Auftrag — es war inzwischen bereits die Dämmerung eingetreten — zeitig am Morgen nach dem kranken Thiere zu sehen.

Den nächsten Abend, als ich wieder in dasselbe Revier zur Pürsche kam, erwartete mich der Förster mit einer recht traurigen Meldung. Als er in der Morgendämmerung zur Stelle kam, lag die Ricke verendet und, dicht an die todte Mutter geschmiegt, sassen zwei verwaiste Kitzchen. Die „Lichter" des braven alten Waidmannes flimmerten und glänzten ganz eigenthümlich bei der Schilderung, die er mit der barschen Meldung schloss: „dass der Kerl oben im Dachsenrang niedergethan sei, und nun hoffentlich — das Weitere sich finden werde".

Das Bette war, als ich dasselbe sofort anpürschte, bereits verlassen, doch fand sich „das Weitere" wenige Minuten später.

Der Bock stand in einer Entfernung von hundert Schritten und äugte, von einer dichten Unterwuchstanne gedeckt, nach mir und meinem rachedurstigen Begleiter. In der nächsten Secunde überschlug sich der Missethäter, von meiner Kugel unterhalb dem Lichte getroffen.

Das Abschiessen der Ricken ist vom waidmännischen Standpunkte absolut verwerflich, und Ausnahmen von dieser Regel (sie sollte es allenthalben werden!) können nur besondere Verhältnisse rechtfertigen.

So lange eine Ricke zur Vermehrung des Standes beiträgt, soll man dieselbe sorgfältig hegen und beschützen, und nur geltе alte Ricken können allenfalls durch vollkommen sach-

und revierkundige Hand zum Abschusse gelangen, wenn man denselben das verdiente Gnadenbrod eben nicht mehr gewähren will.

Die allgemeinen social-wirthschaftlichen Verhältnisse sind nunmehr keineswegs solche, dass man selbst bei sorgfältiger Hege eine die Interessen der Cultur ernstlich bedrohende Ueberzahl des Rehwildes erzielen könnte, und es entfällt somit jeder stichhältige Einwurf, durch welchen das Abschiessen des Mutterwildes im Allgemeinen gerechtfertigt erschiene.

Für „Jagdfreunde", die ohne jedwede Fachkenntniss eben nur Reviere pachten, um deren Wildstand in regelloser beutegieriger Weise zu vernichten, und sobald dies gelungen ist, die Segnungen ihrer Wirksamkeit womöglich wieder anderen Revieren zu octroiren trachten, für Solche gilt allerdings weder Rath noch Regel. Hat man einen oder mehrere solcher Nachbarn (und die meisten Jagdbesitzer sind mehr oder weniger mit solchen Parasiten behaftet), dann ist die vollste Ruhe im eigenen Reviere und Vorsorge für reichliche Winter- und Sommer-Aesung ein correcteres Mittel der Nothwehr und des Schutzes, als das so beliebte Ausschiessen der Gränzdistricte.

Eine gesunde, nach allen Richtungen und in geregelten zielbewussten Bahnen sich entwickelnde Cultur verträgt einen verhältnissmässig reichen freien Wildstand vom Reh abwärts vollkommen und ohne irgendwelche nennenswerthe Schädigung. Es ist von volkswirthschaftlichen Standpunkten im Gegentheile absolut verwerflich, die Ausrottung des Wildes zu begünstigen, nachdem das Wild unbestreitbar Nährstoffe verwerthet, die sonst zumeist ungenützt verloren gehen würden, und das billige gesunde Fleisch desselben, die Felle, Decken u. s. w. ein reichliches Aequivalent für den unerheblichen Schaden bieten, den es den Feldfrüchten zufügt.

„Ich liebe den Wald — den belebten!" rief jüngst Fürst Carl zu Schw . . . . . berg, ein Meister des Waidwerks und Herr weitgedehnter herrlicher Forste in einer Versammlung von Forstmännern. Möge dies geflügelte Wort die Devise aller Forst- und Waidmänner bleiben für immerdar!

Zur speciellen Beschreibung der praktischen Ausübung der Jagd auf Rehe übergehend, werde ich mir erlauben, meine persönlichen vieljährigen Erfahrungen und die aus gewissenhaften Beobachtungen resultirenden Vortheile, welche den Jagdbetrieb in seinen verschiedenen Arten unterstützen, in den Rahmen der folgenden Abschnitte einzufügen.

Wenn ich mir auch nicht einbilden darf, bewährten Meistern des Faches viel „Neues" auf den Blättern dieses Büchleins zu bieten, so hoffe ich doch, dass unser „Nachwuchs" und Jene, denen die Gelegenheit mangelt, sich die genaue Kenntniss der Eigenart dieses edlen, zierlichen Wildes zu erwerben und sich gründlich mit der Hege und Jagd desselben vertraut zu machen, Genügendes finden dürften, was ihnen auf erregendem Pürschgang, bei lustigem Treiben oder auf dem Anstande zu „Waidmannsheil", dem edlen Rehwilde zu ausgiebigem Schutze und sorgsamer Hegung verhelfen kann.

Die Pürsche.

Diese ist die „hohe Schule" des ächten Waidmannes.

Die Pürsche in einem wohlgehegten Reviere ist unstreitig die angenehmste, den wahren Jäger befriedigendste, zugleich aber auch schwierigste Art der Jagd, da zu deren erfolgreicher Ausübung die vollendetsten waidmännischen Eigenschaften erforderlich sind.

Man kämpft da gegen die äusserst scharf entwickelten Sinne des Wildes, und zugleich gegen die Schwierigkeiten des Terrains. Ruhe, Besonnenheit, schnelle Beurtheilung der Entfernungen, Benützung und Kenntniss des Terrains, scharfes Auge und Ohr, geübte, kräftige, jede Bewegung und Biegung duldende Glieder, und endlich — eine gute, erprobte Waffe in sicherer Hand — dies sind die unerlässlichen Eigenschaften eines vollendeten Pürschjägers.

Selbstverständlich ist die genaue Kenntniss der Gewohnheiten und Eigenheiten des Wildes, welches man jagen will, ein gleich wichtiges Erforderniss, welches überdies durch die nöthige Erfahrung und Geschicklichkeit ergänzt werden soll, mit welcher man jenen Gewohnheiten und besonderen Eigenheiten begegnen muss.

Die Kleidung des Pürschjägers muss leicht, warm und im Zuschnitt zweckmässig sein, damit sie keine Bewegung der

Glieder hemme und hindere. Die beste Farbe eines solchen Anzuges im Allgemeinen ist jenes unbestimmte Grau-grünlichbraun, welches dem Colorit der Baumrinde ähnlich ist. Der Hut von ähnlicher Farbe muss eine genügend breite Krempe haben, damit er das Auge vor blendendem Lichte schütze und selbes zugleich beschatte. Die Hutkrempe spielt beim Pürschen eine nicht unwichtige Rolle, wovon später gesprochen werden wird.

Zur Bekleidung des Oberkörpers halte ich die Blouse mit weiten Aermeln, welche sich an der Handwurzel verengen und mit einer Querleiste geschlossen werden, für das zweckmässigste Kleidungsstück, da sie die Bewegungen des Oberkörpers und der Arme in keiner Weise hemmt und sich für jedes Wetter zweckmässig erweist.

Hiezu wähle man ein Beinkleid gleicher oder ähnlicher Farbe, welches das Beugen der Kniee in keiner Richtung hindert, und kurze Gamaschen. Ein Schnürschuh, welcher den Fuss knapp umschliesst und durchaus nicht knarrt, vollendet den zweckentsprechenden Anzug.

Das Behängen des Oberkörpers mit Jagdtasche, allerhand Schnüren und unnützem Tand ist beim Pürschen nur hinderlich und somit verwerflich.

Die zweckmässigste Weise, Reservepatronen unterzubringen, ist die Verwahrung derselben in der rechten Brusttasche der Blouse.

Will man mehr Munition oder auch Mundvorrath mitführen, so rathe ich folgende Ausrüstung, die ich combinirte und auch auf der Gemsjagd im Hochgebirge als zweckmässig erprobt habe.

Man lässt eine Jagdtasche von 15 bis 16 Cm. Breite, 10 bis 13 Cm. Höhe und entsprechender Tiefe mit zwei Fächern, ferner zwei kleinere Taschen von 8 Cm. im Gevierte anfertigen, welche an der Rückseite mit zwei Querleisten versehen sind. Durch diese wird ein Leibriemen, an welchem das Waid-

messer befestigt wird, durchgezogen und um den Leib über
oder unter der Blouse geschnallt. An dem Riemen können überdies
eine feste Rebschnur, auch Riemchen zum Zusammenschnallen
eines Plaids oder Regenmantels zweckmässig befestigt werden.

In der mittleren, grösseren Tasche werden in einem Fache
Mundvorrath, im andern ein Paar Reserve-Fusssocken, Putz-
lappen etc. und in den beiden kleineren Taschen je sechs Kugel-
patronen verwahrt. *)

Ein gutes Perspectiv ist eines der wichtigsten und un-
entbehrlichsten Ausrüstungsstücke des Pürschjägers. Als das
Zweckmässigste habe ich ein gutes doppeltes Duchessen-Glas,
welches der Sehkraft des Auges entsprechend und sorgfältig
gewählt wurde, erprobt.

Ein solches Glas nimmt einen nur sehr geringen Raum
für sich in Anspruch, und ist für das richtige Ansprechen eines
Wildstückes aus weiterer Entfernung und für die genaue Re-
cognoscirung des entfernteren Terrains unentbehrlich.

Die Waffe des Pürschjägers ist die Büchse oder die
Büchsflinte.

Ich gebe dem Hinterlader unbedingt den Vorzug, und
durch langjährige Führung solcher Schusswaffen habe ich die
Ueberzeugung gewonnen, dass die Bedenken und Einwendun-
gen, die man der Anwendung derselben noch von vielen Seiten
entgegenstellt, nur auf Vorurtheilen beruhen. Nur rathe ich,
entweder gepflasterte Rundkugeln, oder eichelförmige Kugeln
mit abgestumpfter Spitze und eingefetteten Kerben, keinesfalls
aber Spitzkugeln für den Jagdgebrauch zu verwenden.

Die Büchse mit einem nicht allzu feinen Absehen soll auf
hundert Schritte mit vollem Korn genau eingeschossen und das

---

*) Bei kleineren Touren kann man je nach Bedarf blos eines der
kleinen Taschchen an den Leibriemen anschleifen.

Stechschloss derart gearbeitet sein, dass der Schuss leicht und rasch auch ohne Anwendung des Stechers abgegeben werden kann.

So wichtig und zweckdienlich der Stecher am Schlosse einer Büchse sein mag, so rathe ich dennoch, sich desselben nur im Nothfalle zu bedienen.

Steht das Wild in weiter Entfernung, oder derart gedeckt, dass die tödlich verwundbaren Theile seines Körpers nicht vollständige und breite Zielpunkte bieten, dann ist die Anwendung des Stechers erspriesslich und rathsam. In allen anderen Fällen wird der Stecher weit mehr verderben als nützen.

In der Flucht wird der Schuss ganz bestimmt richtiger und sicherer treffen, wenn der Stecher nicht in Anwendung kommt. Ich habe diesfalls viele und gewissenhafte Proben angestellt und die Resultate erwiesen stets die Richtigkeit des oben Gesagten.

Obwol man im Allgemeinen nicht geneigt ist, individuelle Gewohnheiten zu Gunsten von Neuerungen aufzugeben, so gestatte ich mir dennoch, hier einige Bemerkungen über die Handhabung der Büchse bei der Pürsche, die ich als die zweckmässigste erprobte, anzufügen. Man trage die Büchse ungespannt auf der linken Schulter, während die linke Hand das Schaftende ober den Hähnen umfasst. Ist ein schussbares Wild in Sicht, dann gleitet der Riemen durch ein leichtes Heben der linken Hand von der Schulter, während die rechte Hand den Kolbenhals umfasst und die Hähne spannt. Das Knacken der Rasten wird gedämpft, indem man den Zeigefinger während des Spannens der Hähne leicht an den Drücker legt.

Um die nöthige rasche und sichere Handhabung der Büchse in der vorbeschriebenen Art zu erlangen, empfehle ich folgendes Verfahren.

Man nehme sich beim Betreten des Waldes vor, den ersten Stock, oder einen sonst in dem normalen Bestande einge-

sprengten Stamm einer anderen Holzgattung, als rasch und
sicher zu treffendes Object anzusehen, und gebe in der vorbeschriebenen Weise den Schuss auf dasselbe ab, als sei dies ein
verhoffendes Wild. Man wird sich nach einigen Versuchen über
zeugen, welch treffliche praktische Schule jene harmlose Uebung
bietet, um sich die nöthige Schnelligkeit und Sicherheit und
mittelst dieser beiden die so dringend nöthige, vom „Jagdfieber"
ohnedies mehr oder weniger alterirte Ruhe eigen zu machen.

Hat man einen Schuss auf das Wild abgegeben, so achte
man zugleich einerseits genau auf den Ort, wo dasselbe gestanden, und anderseits auf die Bewegungen (Zeichen) des
Wildes unmittelbar nach dem Schusse.

In jedem Falle, auch wenn das Wild im Feuer stürzt,
lade man sofort wieder, und nähere sich dann erst rasch,
geräuschlos und vorsichtig dem „Anschusse".

Ist das Wild nicht im Feuer zusammengebrochen — was
meist nur bei Verletzung der Rückenwirbel, bei einem Kopf-,
Hals- oder Hochblatt-Schuss der Fall sein wird — dann forsche
man nach Abschusshaaren und Schweiss und prüfe genau den
Eingriff der Schaalen (den Ausriss) und die Richtung, die das
Wild genommen.

Ein krank geschossenes Stück trennt sich in der Regel
sofort von dem übrigen Wilde, nimmt selten oder nie die Höhe
an, und zieht meist thalabwärts.

Hat man günstige Schusszeichen gefunden, dann lasse
man eine Zeit lang dem angeschossenen Stücke volle Ruhe,
damit es krank werde.*)

*) Ist jedoch das Wild in Folge eines Krellschusses im Feuer
zusammengebrochen und wieder auf die Laufe gekommen, dann ist ein sofortiges, vorsichtiges Nachziehen auf der Fährte eine waidmännisch berech-
tigte Ausnahme jener Regel.

Nicht immer wird man unmittelbar am Anschusse Schweiss finden, und achte daher sorgsam auf die Richtung der Fährte, auf die Art und jeweilige Entfernung der Schaaleneingriffe. Ein krankes Stück setzt die Schaalen meist unregelmässig und breit, sowol in der ganzen Fährte als auch im Eingriff der einzelnen Läufe. Das Reh ist weich und erfreut sich nicht so zäher Lebenskraft wie die Raubthiere oder selbst das Dammwild. Sitzt die Kugel auch nicht an absolut tödtlicher Stelle im Leibe, so wird das Reh dennoch nach kurzer Zeit schon so krank, dass es das „Schweissbette", in welchem es sich niedergethan, bei der Nachsuche kaum mehr zu verlassen im Stande ist.

Nun ist es die Pflicht des Jägers, dem Schmerze des Thieres durch den Genickfang ein rasches Ende zu machen.

Der Genickfang ist nicht so leicht richtig angebracht, als man allenthalben anzunehmen geneigt ist, und ich habe oft und vielfach Gelegenheit gehabt, zu beobachten, wie Jäger vom Fach recht ungeschickt und schülerhaft den Gnadenstoss zu geben versuchten. Die beste Klinge des Genickfängers ist ein kurzes, entsprechend starkes vierkantiges Eisen, welches gegen die scharfe Spitze möglichst steil abgeschliffen ist. Dieselbe wird nun am Genick des Wildes hinter den Lauschern an jener Stelle eingeführt, wo der letzte Halswirbelknochen in den Schädel einmündet, und der Stich an dieser Stelle hat durch die Trennung des Rückenmarkes vom Gehirn das augenblickliche Verenden des Wildes zur Folge.

Der Genickfänger muss fast parallel mit dem Stirnknochen eingestossen werden und wird, an der richtigen Stelle angebracht, auch nur einen kaum merklichen Widerstand finden, da er keinen Knochentheil zu durchbohren hat.

Oeftere Uebung an verendetem Wilde zur Erlangung fehlerloser Sicherheit ist Pflicht eines Jeden, der auf das Prädicat „Jäger" Anspruch machen will. Hat man ein Stück Wild

krank geschossen, dann verbricht man die Stelle, wo dasselbe
während des Schusses stand, indem man einen abgebrochenen
Zweig so auf die Fährte legt, dass die Bruchseite dahin
zeigt, wohin das Wild flüchtete.

Der Bruch wird so gelegt, dass die untere Seite der
Blätter nach oben hin kommt.

Die beste Zeit zum Pürschen ist bei Aufgang und Nieder-
gang der Sonne.

Auch nach starkem Regen im Sommer und Herbste ist
ein Pürschgang am Tage oft erfolgreich, da das Wild in solchem
Falle auch am Tage das schützende Dickicht verlässt und in
hochstämmige Bestände, auf Blössen und Waldwege tritt.

Man muss stets mit gutem Winde, d. h. dem herrschenden
Luftzuge gerade entgegen, und nur im Nothfalle mit halbem
Winde pürschen.

Man trete beim Pürschen, möglichst jedem Aestchen, jedem
Stein und dürren Laube sorgfältig ausweichend, mit dem ganzen
Fusse geräuschlos aber fest auf. Das Schleichen auf den Fuss-
spitzen ist durchaus unpraktisch, da ein Pürschen auf solche
Art ein augenblickliches, ganz unbewegliches Stehenbleiben —
wie dies oft beim Verhoffen des nahen Wildes nöthig wird —
unmöglich macht. Das Beschleunigen der Schritte beim An-
sichtigwerden des schussbaren Wildes hat in der Regel das
Verpürschen — das Flüchtigwerden desselben — zur sicheren
Folge. Gelingt trotz dieses Fehlers die Annäherung auf Schuss-
Distanz, dann ist auch gewöhnlich in Folge erhöhter Thätigkeit
der Lungen die so dringend nöthige Ruhe und mit derselben
auch die Sicherheit des Schusses dahin.

Ein Fehlschuss, eine missmuthig gesenkte Büchse und ein
planloser, „Nichts durchbohrender“ Blick auf jene Stelle, wo
das Wild gestanden, ist dann der ganze Erfolg solcher Ueber-
eilung.

Bei der Pürsche ist Revier-Kundigkeit ein die kostbare Zeit sparendes, sehr wichtiges Moment. Der revierkundige Pürschjäger wird manche lange Strecke des Waldes sicher und rasch durchschreiten, dagegen dort langsam und öfter stehen bleibend, mit gespanntester Aufmerksamkeit schauen und horchen, wo er der waidmännischen Erfahrung gemäss das Wild vermuthen darf.

Erlenbrüche, Lichtungen mit Stockausschlag und kleine grasbewachsene Blössen im geschlossenen Holze sind vor Allem die Orte, wo man namentlich gute Böcke zu suchen hat. Starke Böcke ziehen nicht so gerne, wie das übrige Wild, auf lichte, junge Culturen und Schläge zur Aesung aus.

Nähert man sich einer solchen Lichtung, so bleibe man einige Zeit stehen, äuge dieselbe aufmerksam ab, und überschreite dieselbe (das Umgehen derselben ist rathsamer) erst dann, wenn man sich mit Hülfe des Auges und Ohres überzeugt hat, dass kein Wild in der Nähe steht.

Bei jedem Schritte nach vorwärts prüfe man das umliegende Terrain mit freiem Auge — oft auch den weiteren Gesichtskreis mit dem Glase — und man muss überhaupt stets bemüht sein, das Wild früher zu erblicken, als dieses den pürschenden Jäger eräugt.

Erblickt man ein nicht schussbares Stück Wild, und erlauben es Zeit und Umstände nicht, dasselbe vorsichtig unter dem Winde zu umgehen, dann schreite man, nachdem man vorher mit der grössten Vorsicht zur Seite geschlichen, mit erhobenem Kopfe gerade und in solcher Richtung auf das Wild los, damit dessen Flucht nicht dorthin gerichtet werde, wo es anderes Wild rege oder flüchtig machen könnte.

Wird das im Wege stehende Stück als Schmalgeiss angesprochen, dann warte man geduldig und aufmerksam, da der Bock derselben stets den Vortritt überlässt und oft längere

Zeit unbeweglich und aufmerksam umheräugend steht, bevor er über eine Schneusse oder eine Lichtung zieht.

Ich habe oben, wo ich vom Verscheuchen eines im Wege stehenden, nicht schussbaren Wildes sprach, ausdrücklich betont, dass man dies mit erhobenem Kopfe, jede Deckung vermeidend, thun müsse. Der Zweck dieses Vorgehens ist, das Schrecken (Schmälen) des Rehes zu verhindern. Das Reh schreckt nur dann, wenn es den Menschen nicht als Solchen erkannt hat.

Hat man einen Rehbock angepürscht und derselbe schreckt entweder ausser Schussweite oder in einer dichten Schonung — in kurzen Schrecklauten mit längeren Zwischenpausen, — so hat derselbe den pürschenden Jäger ganz bestimmt nicht erkannt, und nur etwas Verdächtiges erlauscht oder eräugt. In diesem Falle bleibe man mit schussfertiger Büchse, gespanntester Aufmerksamkeit und mässig gesenktem Kopfe ganz unbeweglich stehen. Sehr oft verleitet die Neugierde den schmälenden Bock, den verdächtigen Gegenstand in der Nähe zu besehen, und er nähert sich mit hochgehobenen Läufen — wiederholt mit denselben stampfend — mit grosser Vorsicht. Ich habe es betont, mit mässig gesenktem Kopfe oder mit tief herabgeschlagener, das Auge vollständig beschattender Hutkrämpe stehen zu bleiben, weil — wie ich oft und wiederholt die Erfahrung gemacht habe — das Wild, wenn der Jäger gut gekleidet ist, unbeweglich steht und demselben das Auge nicht sehen lässt, oft ganz nahe heranzieht. Man trachte nur, die Läufe und den unteren Theil des Leibes im Auge zu behalten, um die Bewegungen des Wildes zu controliren, und es wird dann doch gelingen, einen zwar raschen, aber doch mitunter erfolgreichen Schuss anzubringen.

Ich kann nicht dringend genug anrathen, das Auge vor dem Wilde möglichst zu verbergen, denn dieses ist es, welches das Wild am ersten und sichersten flüchtig macht.

Oft zogen Rehe an mir auf vier bis fünf Schritte ganz
vertraut vorbei, wenn ich — obwol sehr unvollständig gedeckt
— mit tief herabgeschlagener Hutkrämpe, die Bewegung ihrer
Läufe scharf beobachtend, regungslos stehen blieb.

Die schwierigste Aufgabe ist es, auf grossen Schlägen, die
wenig oder gar keine Deckung bieten, dem Wilde schussgerecht
anzukommen.

Im ersteren Falle muss man auf den Knieen mit vorge-
beugtem Oberkörper, welcher von der linken Hand unterstützt
wird — während die Rechte die Büchse wagrecht möglichst
dem Boden nahe hält — anzukommen trachten. In diesem wie
in jedem anderen Falle, wo man einem von ferne wahrge-
nommenen Wilde nahe kommen will, darf man beim An-
schleichen nur soweit Deckung suchen, dass man an
der unausgesetzten Beobachtung jeder Bewegung des
Wildes in keinem Falle gehindert wird. Sobald das Wild
den Kopf hebt und äugt, muss man unbeweglich bleiben,
und erst dann wieder näher zu kommen trachten, wenn dasselbe äset oder sich abwendet. Die Annäherung muss möglichst
in gerader Linie erfolgen und jedes Schwanken nach rechts
oder links vermieden werden. Bietet sich keine Deckung, oder
hat der Rehbock im hohen, lichten Holze den Jäger schon von
Weitem eräugt, dann gelingt es zuweilen, zu Schusse zu kommen,
wenn man laut sprechend, pfeifend oder singend, ohne das Wild
scheinbar zu beachten, in schräger Richtung oder im Halbkreise
näher zu kommen sucht. Man muss genau combiniren, von
welcher Stelle man den Schuss abgeben wird, und in gleich-
mässigem, ruhigem Schritte, ohne auch nur einen Augenblick stehen zu bleiben, dieselbe zu erreichen trachten.
Dann allerdings muss der Schuss rasch abgegeben werden, da
das Wild, welches bis dahin meist unbeweglich stand, sofort
flüchtig wird, sobald der anpürschende Jäger seine Bewegung

hemmt. Es gelang mir auf solche Weise im Hochholze sowol, als auch auf Schlägen, und im Spätherbste selbst auf Rapsfeldern erfolgreich zu Schusse zu kommen.

Hat jedoch das Wild den anpürschenden Jäger in einem Terrain früher eräugt, welches demselben mehr Deckung und dem letzteren weniger Spielraum zur Durchführung des Vorgesagten bietet, dann gehe der Jäger, vom Wilde möglichst abgewendet, ohne dessen Bewegungen jedoch ausser Acht zu lassen, ruhig fort, bis er eine vollkommene Deckung erreicht, von wo er dann den Angriffsplan den Umständen angemessen combiniren muss, und neuerdings — und mitunter nicht erfolglos — in Schussnähe anpürschen kann. Es ist eine missliche Aufgabe, eine erschöpfende Theorie über das Pürschen zu bieten, welches von Fall zu Fall stets andere Dispositionen erfordert.

Die Pürsche ist ein Kampf der menschlichen Vernunft mit den hochentwickelten Sinneskräften des Wildes. Jeder Schritt und jede Bewegung auf der Pürsche muss wohl überlegt und combinirt, Auge und Ohr in gespanntester Aufmerksamkeit dem Pürschjäger dienstbar sein. Ein frisch geknicktes Reis, ein von der Stelle geschobenes dürres Blatt, abgestreifte Thautropfen sind wichtige Zeichen, die man ebensowenig übersehen darf, als dem lauschenden Ohre kein Laut, kein Ton des Waldes fremd sein darf.

Die Tochter ruhiger Festigkeit und raschen Ueberblicks, die Geistesgegenwart ist es, um die der Jäger werben und sie gewinnen muss, wenn er ein Pürschjäger werden will; er muss mit einem Worte „das Zeug dazu haben", wie Meister Reinecke zum Mausen, der Luchs zum Sprung!

Der Wald und das Wild sind Lehrmeister und Lehrmittel zugleich für Jene, die die edelste und männlichste Art des

Waidwerks — die Pürsche — erlernen wollen, sie können durch „graue Theorie" nimmer ersetzt werden.

> Das frische Grün zum Grau der Theorie
> Ist Waidwerks Farben-Harmonie!

Der vorstehende „gereimte" Grundsatz mag in seiner Anwendung — auch im Allgemeinen — nicht eben „ungereimt" sein.

Der Anstand.

Gilt es, ein bestimmtes Wildstück, einen besonders starken, oder ein widersinniges Gehörne tragenden Bock zu erlegen, dann ist der Anstand die am raschesten und sichersten zum Ziele führende Jagdart.

Für den angehenden Waidmann ist der Anstand (Ansitz) auch insoferne von nicht zu unterschätzendem Vortheile, als er da am besten Gelegenheit findet, die Gewohnheiten und Eigenthümlichkeiten des Wildes genau zu beobachten und zu studiren. Erst die volle und genaue Kenntniss derselben erhebt den „Schützen" (Schiesser) zum „Waidmann".

Die wichtigste Vorbedingung, um den Erfolg des Ansitzes zu sichern, ist die genaue Kenntniss des Wechsels und des Aesungsplatzes, welches das zum Abschuss bestimmte Wild einzuhalten und zu besuchen pflegt. Auch hier, wie überhaupt bei jeder Jagdart, ist die Richtung des Windes genau zu beachten.

Im geschlossenen Holze genügt es, den Ansitz mit einigen wenigen Aesten und Zweigen derart zu maskiren, dass weder die freie Aussicht, noch die Bewegungen mit der Büchse hiedurch gehindert werden. Ich habe im geschlossenen Holze stets nur „Schirme" in der vorbeschriebenen einfachen Art, und auch stets mit dem besten Erfolge angewendet. Die Herstellung derselben erfordert wenige Minuten und ist dem Wilde nicht auffällig, während sich ein aus Zweigen geflochtener Schirm von Weitem stets wie eine dunkle Wand ausnimmt; und es wird in der Regel geschehen, dass der alte und sehr schlaue Bock, dem zu Liebe solche Hinterhalte zumeist angelegt werden, jenen Ort vorsichtig meidet.

Geflochtene Schirme sind nur an Dickungen anzubringen, welche Waldwiesen oder raume Forstorte, kahle Schläge und grössere Blössen umsäumen, sind jedoch stets aus Zweigen jener Holzgattung herzustellen, welche den herrschenden Bestand bildet.

Ein scharfes Auge, ein geübtes, aufmerksames Ohr, Ruhe und Geduld sind der beste Schirm.

An Orten, welche auf weite Strecken keine genügende Deckung bieten, bilden Gruben, um welche die ausgegrabene Erde einen kleinen Wall zum Auflegen der Büchse und zur besseren Deckung des Schützen bildet, den zweckmässigsten Ansitz.

Auf Schlägen, an Salzlecken, an, von kleinen Blössen umgebenen Waldquellen, welche vom Wilde oft und gerne besucht werden, ist die Anlage von Kanzeln oder Hochständen rathsam. Dieselben bieten eine weite Aussicht, welche das Terrain im Umkreise der Schussweite beherrscht, und auch der Wind thut denselben im Allgemeinen keinen Eintrag. Sind einzelnstehende stärkere Bäume am Orte, so ist es zweckmässig, die Kanzel dicht an denselben und derart anzubringen, dass der Sitz möglichst von den Aesten gedeckt und beschattet werde.

Der Schirm muss eine Stunde vor Sonnen-Auf- oder Untergang bezogen werden, und der Schütze hat sorgsam darauf zu achten, dass er den muthmasslichen Wechsel des zu erwartenden Wildes nicht überschreite.

Obwol der Ansitz für den Waidmann manchen Reiz bietet, und ich selbst so manche spannende, aufregende und vielfach lehrreiche Stunde „hinter dem Schirme" verlebte, so gestehe ich offen, dass der „Anstand" mit der „Pürsche" keinen Vergleich auszuhalten vermag. Es ist eben ein Hinterhalt, und der Erfolg ein Lohn der List — mühelos errungen. Ein frischer Bruch am Jägerhut als Siegeszeichen einer gelungenen, erfolgreichen Pürsche ist mir lieber!*)

*) Für Pürschgange in entfernteren Revieren empfehle ich für den Transport erlegter Rehböcke den Rucksack der Hochgebirgs-Jäger.

Es ist dies ein aus starker dunkelgrüner Leinwand angefertigter, oben mit einer Zugleine und an den Seiten mit zwei ledernen Achselbändern versehener Sack, in welchen das Wild derart eingesenkt wird, dass der Kopf und die Läufe oben herausschauen.

Ich besitze nebst anderen einen solchen alten Rucksack, in welchem mein treuer Leibjäger Franz Tumpach ungefähr hundertfünfzig brave Rehböcke heimtrug. Die schöne dunkelgrüne Farbe von einst ist allerdings einigermassen verblichen.

Die Treibjagd.

Das Rehwild hat wie das Hochwild überhaupt die Eigenschaft, sich schlecht treiben zu lassen, und man muss hierauf bei der Einrichtung dieser Jagdart volle Rücksicht nehmen.

Das Reh liebt die Ruhe, und verträgt öftere Beunruhigung seiner Stände durchaus nicht. Wer somit einen guten Rehstand erhalten will, der übe diese Jagdart, die überdies oft genug, wenn nicht eben nur durchaus verlässliche Schützen an derselben theilnehmen, recht ärgerliche und missliche Erfolge aufweist, so selten als möglich. Im Sommer ist es nicht so leicht, einen Bock, wenn derselbe nicht eben sehr hoch aufgesetzt hat, und mit einer einzigen weiten Flucht den Waldweg oder die Schneusse übersetzt, zu erkennen, und — zugleich den Schuss auf die rechte Stelle abzugeben.

Auch im Winterkleide, wo sich der Rehbock durch Pinsel und Spiegel deutlich unterscheidet, bedarf es zum raschen und sicheren Erkennen desselben — umsomehr, wenn mehrere Rehe zugleich anspringen — jener Ruhe und jenes Scharfblickes, welche nur die Uebung und die genaue praktische Bekanntschaft mit der zu jagenden Wildgattung verleiht.

Das Antreiben kann auf zweierlei Weise eingerichtet werden, und es ist bei der Anwendung der einen oder anderen auf das Terrain und die Beschaffenheit der Bestände Rücksicht zu nehmen.

Bilden die Triebe nicht allzugrosse zusammenhängende Dickungen, dann genügen zwei bis drei revierkundige und geübte Leute, um die Rehe anzutreiben, indem dieselben von Zeit zu Zeit pfeifend, hustend und einander anrufend, langsam einen Trieb durchgehen, während die Schützen auf den sichersten Wechseln angestellt werden.

Es hat diese Art des Antreibens den Vortheil, dass das Wild nicht in dem Grade beunruhigt wird, wie bei der in der Folge zu beschreibenden, und die Rehe meist vertraut und oft verhoffend vor die Stände der Schützen kommen.

Zu der zweiten Art der Treibjagd verwendet man so viel Treiber, dass einer den andern sehen, und kein Wild zwischen denselben sitzen bleiben oder unbemerkt zurückschleichen kann.

Die Treiber müssen angewiesen werden, langsam zu gehen und durch gegenseitiges Zurufen Fühlung und Richtung zu erhalten. Es genügt ein zeitweiliges Anschlagen mit den Stöcken an Bäume und Gesträuche, um das Wild vorzubringen. Alles Schreien und Lärmen ist strenge zu verbieten, da dies einerseits die angränzenden Triebe unnütz beunruhigt, und anderseits das Rehwild stets dem Lärm entgegengeht und fast immer zwischen den ärgsten Schreiern durchbricht.

Das Jagdschutzpersonale hat auch strenge darauf zu achten, dass die Treiber namentlich in Dickungen oder dichten Stangenhölzern, in welchen das Rehwild dieselben oft bis in unmittelbare Nähe ankommen lässt, nicht mit den Stöcken in roher Weise nach dem Wilde schlagen. Diese Unsitte ist leider hie und da zum ständigen Privatvergnügen der Treiber geworden.

Sind nicht genug Schützen anwesend, dann ist es zweckmässig, eine oder zwei Seiten des Triebes mit Treibern zu besetzen, die, ohne zu lärmen, entweder langsam wenige Schritte auf- und abschreiten oder leise pfeifen und sprechen. Noch zweckmässiger ist es, die nicht mit Schützen bestellten Theile des Treibens zu verlappen. Werden grosse, zusammenhängende Dickungen getrieben, so ist es gerathen, dieselben zu „hobeln", nämlich vor und wieder zurück zu treiben, während die Schützen auf ihren Ständen verbleiben. Die angestellten Schützen dürfen vor dem Abblasen oder Abrufen ihre Stände unter keiner Bedingung verlassen, auch dann nicht, wenn sie ein Stück krank geschossen haben. In diesem Falle muss der Anschuss verbrochen und dem Jagdleiter Meldung erstattet werden.

Obwol die Rehe in der Regel knapp vor den Treibern ausbrechen, so muss der angestellte Schütze nichtsdestoweniger sofort alle Aufmerksamkeit dem Triebe zuwenden und sich auf seinem Stande sogleich einrichten, d. h. er muss die Plätze suchen, wo er, im Falle das Wild ausbricht, am besten den Schuss abgeben, die Lücken im Bestande und die Nachbarschützen im Auge behalten kann.

Die möglichste Ruhe noch bevor der Trieb angeblasen ist, erscheint rathsam, da oft starke Böcke dem verdächtigen Geräusche, welches das Anstellen der Treiber in der Regel verursacht, bei Zeiten aus dem Wege gehen, und vorsichtig den Trieb in entgegengesetzter Seite zu verlassen trachten.

Ich habe wiederholt bei solchen Gelegenheiten sehr brave Böcke auf die Decke gebracht, noch ehe der Trieb begonnen hatte.

Für weniger geübte Schützen füge ich die Bemerkung an, dass beim Treiben, wenn zwei oder mehrere Stücke anspringen, der Bock in der Regel das letzte ist; diesem wende man somit das schärfste Augenmerk zu, um es rechtzeitig und richtig anzusprechen.

Eine kleine Geschichte erlaube ich mir hier einzufügen, die sich einst bei einem Treibjagen auf Rehe ereignete. Es wurden längs einem breiten Waldwege zwei Schützen angestellt, von welchen der Eine als im höchsten Grade schussneidig bekannt war. Kaum hatte der Trieb begonnen, so wechselte ein sehr braver Bock durch das hohe Holz gegen die beiden Schützen. Rasch hob der Schussneidige das Gewehr, um ja den Schuss früher als sein Nachbar abzugeben. Dieser jedoch beschloss, ihn zu strafen, und rief plötzlich: Nicht schiessen! Erschrocken senkte der Andere die Waffe und im nächsten Augenblicke stürzte der Bock, von des Warners Schuss getroffen. „Ja, in's T...... Namen, warum sollte ich denn nicht schiessen?" — „Weil ich den guten Bock selbst schiessen wollte", lautete die lakonische Antwort.

Einen weit höheren, an spannenden Augenblicken weit reicheren Genuss als das Jagen mit Treibern bietet jenes mit Hunden in weitgedehnten Gebirgs-Revieren. Es ist jedenfalls rathsam, hiezu Dachshunde und nicht die schärfer verfolgenden Brakierhunde zu verwenden. Der Dachshund vermag dem Rehwilde nicht so rasch zu folgen, und dasselbe fürchtet ihn seiner geringen Grösse wegen nicht so sehr als den weit stärkeren Braken. Es stellt sich ihm oft und geht nicht so flüchtig an die Schützenstände an.

Es ist wahrlich ein Hochgenuss, einen schönen Herbsttag mit solchem Sport in waldigem Gebirge zu verbringen! Mit gespanntester Aufmerksamkeit lauscht man dem fernen Geläute der Hunde, wie es bald näher klingt, dann wieder verhallt. Da huscht ein Schatten im hochstämmigen Fichtenwald und über den schwellenden Moosteppich zieht in jenem traulichen Dämmerlichte des hohen geschlossenen Bestandes, vorsichtig, oft verhoffend und dem fernen Geläute der Hunde lauschend, ein Capitalbock heran. Ein prächtiges, starkgeperltes Gehörn

4

krönt das zierliche Haupt, welches sich eben wieder scharf äugend dem Wechsel zuwendet, der das trockene Rinnsal eines kleinen Waldbächleins übersetzend, weiter aufwärts in die Berge führt. Da blitzt es auf hinter dem schlanken Stamme einer Fichte, und der brave Bock rollt verendend zwischen die bemoosten Felsblöcke.

Man muss eben nur Schiesser der Dutzendsorte sein, wenn man in solchen Augenblicken nicht das Herz höher schlagen und sich freudig erhoben fühlt in der Gottesnatur, im herrlichen ernsten Wald! Und so hat jede Art des schönen, edlen Waidwerkes seine Poesie, wenn man es eben versteht, nicht nur das Wild mit sicherem Auge und fester Hand zu erlegen, sondern auch den echten, unverdorbenen Sinn zu bewahren für die göttlichen, stets wechselnden Reize der Natur.

Mir sind „Jagdfreunde" begegnet (und diese Species ist eben nicht selten), die in blasirtester Weise in Allem nur „die Schattenseite fanden"; die z. B. mit der griesgrämigsten Miene von ihrem Stande mit der trockenen Mittheilung kamen: Sie hätten ein coup double auf Füchse gemacht — oder einen guten Hirsch erlegt. Ich habe Solche stets als recht bedauerliche Käuze angesprochen, und nie begriffen, weshalb sie überhaupt ihre werthen Gliedmassen im Walde umhertragen.

Ich habe den Brunfthirsch erlegt, den Gemsbock von der Felswand herabgeholt, habe das hauende Schwein im Bruch, den Wolf in der Steppe erbeutet, und ich fühle dennoch die Pulse ungeschwächt klopfen, wenn mir flüchtig ein Hase über die schmale Schneusse wechselt, oder eine Kette Hühner aufstiebt — im Krautacker!

Die Treibjagen auf Rehe können am zweckmässigsten im Winter bei nicht allzutiefem Schnee abgehalten werden, da zu dieser Zeit der Rehbock auch für weniger geübte Schützen leicht erkennbar ist, und auch die Triebe vorher eingekreist und nur jene in die Jagd einbezogen werden können, in welchem Rehe bestätigt sind.[*]

Sobald jedoch der Schnee eine „Harschdecke" bildet, ist das Treiben unbedingt einzustellen, da sich das Reh im Harsch die Läufe beschädigt, in Folge dieser Verletzungen stark kümmert, und in diesem Zustande leicht den Füchsen zur Beute wird.

Eine weitere Art des Treibens ist das Streifen. Diese Jagdart basirt auf der praktisch bewährten Erfahrung, dass sich das Wild nur auf verhältnissmässig geringe Entfernungen in gerader Linie treiben lässt und endlich an den Seiten des Triebes längs den Wehren oder in der Mitte durchzubrechen sucht. In Böhmen werden grosse Treibjagden, bei welchen oft viele Hunderte von Stücken Wild an einem Tage gestreckt werden, meist in dieser Weise abgehalten.

Sind die Triebe nicht allzu breit, so lässt sich diese Art des Treibens auch auf Rehe speciell mit Vortheil anwenden. In diesem Falle werden die Treiber in einer geraden Linie aufgestellt und denselben eingeschärft, möglichst die Richtung und Fühlung mit ihren Nebenmännern einzuhalten. Auf den beiden Flügeln werden Schützen angestellt, und vor und hinter denselben, senkrecht auf die Treiberlinie, können auf die Distanz von sechzig bis achtzig Schritten auch noch anderen Schützen Plätze angewiesen werden.

Behufs der leichteren Einhaltung der Richtung müssen, wo in den Beständen nicht schon hiefür Richtungslinien ein für allemal durchgehauen sind, Strohbänder an die Bäume gebunden, oder die Rinde derselben mit Kalk bestrichen werden.

Auf das erfolgte Hornsignal bewegt sich die Treiberlinie mit den Schützen langsamen Schrittes vorwärts.

[*] Meiner subjectiven Neigung folgend, stelle ich in der Regel die Jagd auf Rehböcke ein, sobald sie den Schmuck ihres Hauptes, das Gehörne, abgeworfen haben.

4*

Die Schützen an den Flügeln der Treiberwehre müssen mit den letzteren unausgesetzt Fühlung und Richtung, letztere jedoch so erhalten, dass sie stets einen bis zwei Schritte hinter und nie vor der Linie bleiben. Naht nun der Trieb seinem Ende, so besetzen die vorangehenden Schützen die Ecken des Triebes und die Wehrschützen und Rückschützen bleiben unter Einhaltung der richtigen Entfernungen ebenfalls stehen, während die Treiberwehre bis an das Ende des Triebes vorgeht.*)

Den Schützen muss eingeschärft werden, die vorgezeichnete Richtung strenge einzuhalten und angeschossenem Wilde in keinem Falle nachzuziehen. Wurde ein Rehbock krank geschossen, so ist der Anschuss zu verbrechen, und erst nach beendetem Triebe kann dann nachgesucht werden.

Auch bei dieser Art des Treibens sind die Treibleute anzuweisen, nur mit den Stöcken an die Bäume oder auf die Erde zu klopfen, und dies in verstärktem Maasse zu thun, in keinem Falle aber zu lärmen, wenn sich Wild vor der Wehre zeigt. Der Ruf: „Achtung rechts — links!" genügt vollkommen.

Ich kann schliesslich nur wiederholen, dass das Rehwild die Beunruhigung durch öfter vorgenommene Klopf-Jagden nicht verträgt, und in diesem Falle für längere Zeit, oft für immer seine gewohnten Stände meidet.

---

*) Ich kann diese Art des Treibens im Allgemeinen auf Niederwild, namentlich dort, wo nur wenige, aber geübte Schützen in Verwendung kommen, wärmstens und zwar aus zwei Gründen anempfehlen: Erstens kann ein mit einem verlässlichen Lader und mehreren Gewehren versehener Schütze eine bedeutende Menge Wildes erlegen, und zweitens hat diese Jagdart den Vortheil, dass das durch die Treibwehre durchbrechende Wild „unbeschossen" bleibt und einen gesunden Besatz bildet.

In meinem eigenen Gehege wird z. B. eine Waldjagd von 280 Joch mit vier Schützen in 3½ Stunden abgejagt, und werden durchschnittlich 300 Stück Wild gestreckt.

Das Blatten.

In der ersten Hälfte des Monates Juli beginnt der Rehbock unruhig umherzuziehen, mit erneutem Eifer zu fegen und zu schlagen (zu plätzen).

Mit tiefgesenktem Kopfe zieht er der Fährte des Schmalrehes nach, und sprengt dasselbe durch Dickicht und Stangenholz, dass ringsum die Aeste knacken und die Zweige rauschen. In graziösen Sprüngen flüchtet das jungfräuliche zierliche Thier — vom kecken stattlichen Freier verfolgt, und gewährt ihm mit keusch widerstrebender Angst — endlich den Minnesold.

Das Blatten, — Anblatten, nennt man waidmännisch das Anlocken des Rehbockes während der Brunft und zwar von der zweiten Hälfte des Monates Juli angefangen bis Mitte August, indem man mittelst eines Birkenblattes, oder eines eigens hiezu construirten Instrumentes — dem Blatter — den Fipplaut (Brunftlaut) oder aber den Angstlaut des gesprengten Schmalrehes nachahmt. *) Es bedarf ziemlicher Uebung, bis man im

---

*) Das Blatt der Holzbirne und die Bastrinde der Birke lassen sich ebenfalls zur Nachahmung des Fipplautes verwenden. Die besten Blatter jedoch werden aus Blei in folgender Weise angefertigt: Man giesst eine 4 Cm. lange, 1 Cm. breite Barre, höhlt eine (5 Mm.) schmale Rinne (Stimmritze) aus, und deckt dieselbe mit einem dünnen Kupferblättchen, welches am rückwärtigen Ende mit dem Blatter fest verbunden wird. Die richtige Stimmung des Blatters sichert den Erfolg.

Stande ist den Locklaut täuschend nachzuahmen. Der Angstlaut ist noch viel schwieriger und wol am besten durch fleissige
Lectionen bei der Lehrmeisterin, dem Schmalreh — zu erlernen.

Das Blatten in einem mit Rehwild gut besetzten Reviere
ist ein höchst interessanter, an spannenden Episoden überaus
reicher Jagdbetrieb, besonders dann, wenn man denselben sach-
und fachkundig mit der Pürsche zu verbinden versteht.

Strenges gewissenhaftes Maasshalten im Abschusse
der anspringenden Böcke ist jedoch ein Gebot, welches
nicht ernst genug betont werden kann; — da ein im
Blatten geübter guter Schütze im Stande ist, innerhalb weniger Tagen den Stand an Rehböcken vollständig zu vernichten!

Geringe Böcke springen meist sehr hitzig aufs Blatt —
während starke, alte Rehböcke selten oder nie — ohne Vorsicht und Misstrauen dem lockenden Rufe folgen.

Sehr häufig springen auch Schmalrehe und auch Altrehe
sammt ihren Kitzchen aufs Blatt, und der Schütze darf somit
seinen Schuss nie voreilig — und nur dann erst abgeben, wenn
er das anspringende Stück richtig angesprochen hat.

So störend zumeist bei der Pürsche ein Begleiter ist,
ebenso gute Dienste leistet derselbe beim Blatten, besonders
dann, wenn er des Blattens vollkommen kundig ist, und sich
mit dem Schützen Rücken an Rücken stellt, um das umliegende
Terrain nach jeder Richtung hin übersehen zu können.

Es ist hoch interessant und ungemein aufregend, die schlaue
Annäherung eines alten Capitalbockes im hohen Holze zu beobachten, wie er mit tief herabgesenktem Kopfe die Fährte des
Schmalrehes sucht, wie er dann wieder verhoffend und scharf
umher äugend das hellgraue prächtig gehörnte Haupt trotzig
hebt, — dann wieder suchend weiter schleicht mit hochgehobenen

Läufen, um, vom Stamme einer ehrwürdigen alten Tanne gedeckt, wieder lauschend zu verhoffen.

Ein leiser durch die hohle Hand gedämpfter Locklaut ruft
den stattlichen Freier noch näher heran; — langsam und sicher
hebt sich das kurze Rohr der treuen bewährten Büchse. —
Ein scharfer Knall durchdröhnt die ernsten Hallen des Hoch-
waldes, ein kleines Wölkchen Rauch schwebt in losen Flocken
zwischen den mächtigen Stämmen dahin, — und das Brautbette
ist zur Bahre geworden, von beschweisstem Moos und ge-
knicktem Farnkraut umsäumt!

In den letzten Tagen des Monates Juli bis über die Mitte
des August springt der Rehbock an warmen windstillen Tagen
am eifrigsten aufs Blatt, und die besten Tageszeiten sind:
Morgens von 6 bis 9 Uhr, Mittags, und auch Abends bei
Sonnenuntergang.

Die Wahl der besten Plätze zum Blatten muss dem revier-
kundigen Waidmann überlassen bleiben, da sich hiefür keine
Regeln aufstellen lassen; man wähle jedoch den Standort so,
dass man eine möglichst freie Uebersicht des in Schussnähe
liegenden Terrains gewinnt.

Eine besondere Deckung ist für den zweckmässig ge-
kleideten und sich ruhig verhaltenden Schützen nicht nur nicht
nöthig, sondern zuweilen sogar hinderlich. — Es sprangen mir
oft in hochstämmigen oder Stangenholz-Beständen drei bis vier
Rehe zugleich und oft bis in unmittelbare Nähe an, obwol ich
nahezu ungedeckt stand.

Ist ein schussbarer Bock in Schussnähe angesprungen,
dann hebe man die Waffe ruhig an die Wange und gebe dann
den Schuss rasch und wohlgezielt ab. — Hebt man das Gewehr
mit einer raschen Bewegung, so hat diess ein sofortiges Um-
schlagen und Flüchtigwerden des Wildes zur unmittelbaren Folge,
während es der ruhigen Bewegung einen Moment verblüfft

zusieht, welcher dem geübten Schützen vollkommen genügt, um selbst mit der Kugel gut abzukommen.

Man muss den Ort, wo man blatten will, mit aller Vorsicht pürschend zu erreichen trachten, und nachdem man sich mit schussfertiger Waffe angestellt und einige Minuten ruhig gestanden hat, zwei bis drei Blattstösse machen. Nach einer kurzen Pause wiederholt man dieselben, und nachdem man dann auch noch einige Minuten aufmerksam und unbeweglich verharrte, sucht man einen anderen Ort auf, wo man dasselbe wiederholt, falls kein schussbarer Bock ansprang.

Man darf sich nicht voreilig und ungeduldig vom Stande entfernen, wenn nicht sofort Wild anspringt, denn es kann häufig geschehen, dass der tiefe trotzige Schrecklaut eines herbeigeschlichenen — gedeckt verhoffenden Rehbocks — den voreiligen Rückzug des Schützen in unwillkommener Weise begrüsst.

Ein auf diese Weise, oder durch einen fehlerhaften Ton des Blatters verscheuchter Rehbock ist verblattet, und springt wol kaum dasselbe Jahr mehr an.

Ein Fehlschuss hat in der Regel nicht dieselbe Wirkung, da mir mehrere Fälle bekannt sind, wo ein und derselbe Bock während ein und derselben Brunftperiode ein drittesmal ansprang, nachdem er vorher bereits zweimal gefehlt worden war.

Es geschieht auch zuweilen, dass der angeblattete Rehbock sich so wiedersinnig benimmt, dass man an seiner Zurechnungsfähigkeit zu zweifeln berechtigt ist, und glauben könnte, er sei — vom Liebestaumel befangen — blind und taub wie der Auerhahn.

Man kann indess schon aus dem Benehmen des Rehbocks genau ersehen, ob er, wenn er aufs Blatt sprang und wieder flüchtig wurde, seinen gewaltigsten Feind — den Jäger — erkannt hat.

Schreckt (schmält) der Rehbock gleich bei den ersten
Flüchten in längeren Pausen — verhofft er dann, und
zieht, gedämpfte kurze Schrecklaute ausstossend wieder näher
heran, dann ist diess ein Zeichen, dass ihn nur unbestimmte
Vorstellungen irgend einer Gefahr beunruhigen. Schreckt derselbe jedoch erst dann in rascher Aufeinanderfolge der Laute,
wenn er bereits eine weitere Strecke in voller Flucht zurück-
gelegt hat, dann ist er für geraume Zeit gewitzigt, und alte
Böcke besonders scheinen sich in diesem Falle eines er-
staunlichen Erinnerungsvermögens zu erfreuen.

Eine recht fatale — indess mit „Waidmannsheil" ab-
geschlossene Situation, in welcher ich mich einst beim Blatten
befand, will ich hier in Kürze anführen:

Im Hochwalde blattend, ersah ich einen Capitalbock mit
breit ausgelegtem hohem Gehörne — der vorsichtig — oft verhoffend durch den Tannen-Unterwuchs heranzog, und schon
war ich im Begriffe die Büchsflinte*) schussfertig zu heben,
als ich mir zur Rechten ein Schmalreh erblickte, welches bis
auf dreissig Schritte angesprungen war. Ich hob die Schusswaffe um der fatalen Situation rasch ein Ende zu machen —
als sich dieselbe eben noch aufregender gestaltete. Wenige
Worte mögen sie schildern: Vor mir in einer Entfernung von
neunzig Schritten stand der Capitalbock, rechts, kaum dreissig
Schritte weit das Schmalreh, welches durch das Heben meiner
Waffe zu jenen fatalen Complimenten**) veranlasst wurde, die
wol jedem erfahrenen Pürschjäger genügend bekannt sind, und

---

*) Die Büchsflinte, deren rechter Lauf für den Schrottschuss, der
linke für die Kugel gebohrt ist, darf ich als die zweckmassigste Schusswaffe
für die Blattzeit empfehlen.

**) Das Reh hebt und senkt den Kopf   wenn es einen ihm auf-
falligen Gegenstand beaugt — in rascher Folge   welche Bewegung wiederholten Verbeugungen ahnlich ist.

mir im Rücken musste ein zweiter Bock ebenfalls nahe angesprungen sein, da ich dessen Brunftlaut, jenes eigenthümliche
Schnaufen und Pfeifen, deutlich vernahm.

„Hic Rhodus — hic salta!" — Nun galt es! Mit energisch
erzwungener Ruhe — sandte ich die Kugel dem erstgenannten
Bock entgegen und streckte, rasch mich wendend, und im
Augenblick auf das Resultat meines Kugelschusses nicht weiter
achtend — den von rückwärts angesprungenen Freier — einen
guten ungeraden Sechser — in vollster Flucht im Feuer nieder. —
Ein Blick in die Richtung, wo der Capitalbock stand, gab mir
die Gewissheit, dass meine Kugel an ihre Adresse gelangt war,
und „hochblatt" das prächtige Thier ebenfalls gestreckt hatte.

Den drei Sekunden, von welchen ich die erste in ge-
spannter, die zweite in banger Erwartung — die dritte in
beiderseitiger Action verlebt hatte, — schloss sich die vierte —
mit einem tiefen Athemzuge an, aus der freudig bewegten,
hochklopfenden Brust!

In demselben Reviere erlegte ich im darauffolgenden Jahre
ebenfalls mit Hilfe des Blatters innerhalb einer Stunde drei
brave Rehböcke, und unter diesen zwei mit höchst interessanten,
widersinnigen Gehörnen. *)

Auch der Rehbock kämpft mit seinem Rivalen, wie der
edle Hirsch, heftig und todesmuthig um den Preis der Minne,
— doch pflegen diese Kämpfe nicht so erbittert zu sein, wie
jene des „Königs der Wälder."

Es ist — wiewol selten — vorgekommen, dass sich
kämpfende Rehböcke derart mit ihren Gehörnen verfingen

---

*) Sr. Durchlaucht Prinz Louis von Ro..n, — ein ausgezeichneter
Waidmann und Schütze, ein Meister höchsten Ranges im Blatten, erlegte innerhalb des Zeitraumes von wenigen Jahren über dritthalb-hundert
Rehböcke, welche seinem Rufe ansprangen. Fünf bis sechs Rehböcke
bilden sehr häufig das Resultat eines Pürschganges.

(verkämpften), dass in Folge dessen beide als Opfer des Zwei-
kampfes erlagen.

Starke alte Rehböcke dulden ihre jüngeren Rivalen während der Blattzeit nicht im Reviere, und es ist somit in Rücksicht auf das möglichst ausnahmslose und rechtzeitige Beschlagen der Ricken vom Standpunkte correcter waidmännischer
Hege geboten, diese auf dem Gebiete der Standes-Vermehrung
— bereits minder tauglichen Othellos — noch vor der Brunft
abzuschiessen.

Ich schliesse hiemit diesen letzten Abschnitt über „die
Hege und Jagd" mit dem warmen Wunsche, es möge jeder
echte Waidmann das Reh — dieses liebe, edle Wild — mit
treuer Sorgfalt hegen, mit energischem Muthe schützen, — auf
dass es die Zierde unserer Wälder bleibe für immerdar!

Das Schiessen mit der Kugel und mit Schroten.

Die Vertrautheit mit der Waffe, die man führt, soll gewissenhaft auf dem Schiessstande erworben werden, und ich gebe gerne zu, dass solche Uebungen als gute Grundlagen für die Fertigkeit und Sicherheit in der Handhabung der Jagd-Schusswaffen zu achten und zu beachten sind.

„Erwäg's, dann wag's", ist indess meine Devise auch beim Schuss aufs Wild, und wer nicht jene drei Eigenschaften besitzt, die man mit den Worten: Ruhe, Fassung und Schnelligkeit bezeichnet, dem wird die graueste, schlaueste Theorie nicht zum „frischen grünen Bruche" verhelfen! Da ich es mir zum Grundsatze gemacht habe, auf den Blättern dieses Buches nur meine eigenen, bescheidenen, aber gewissenhaft verzeichneten Erfahrungen dem geneigten Leser zu bieten, so möge er auch mit meinen subjectiven Ansichten freundlich vorlieb nehmen, welche ich bei vielen tausend Stücken Wild aller Art, die ich mit Kugel und Schrot erlegte, erprobt habe.

Das Vorhalten beim Schrot- und Kugelschuss halte ich für verwerflich. Ein rasches, scharfes Erfassen des zu treffenden Objectes oder des schussgerechten Theiles desselben und ein rascher, der Bewegung des Wildes folgender und Rechnung tragender Ruck nach vorn im Augenblicke des Abdrückens wird entschieden bessere Resultate liefern.

Beim Schusse mit Schrot auf Wild in der Flucht oder im Fluge ziele ich weder, noch halte ich vor. Ein rascher Blick belehrt mich über die Art und Richtung der Flucht oder des Fluges, und ein ebenso rasches Abkommen und gleichzeitiges Abdrücken auf das Wild ist das Werk des nächsten Augenblickes.

Beim Haarwilde, welches mit der Kugel in der Flucht erlegt werden soll, wähle man nie den Auf-, sondern stets den Niedersprung zur Abgabe des Schusses.

Bei dem Schiessen mit der Kugel ist ferner Folgendes zu beachten:

1. Die Büchse für den Jagdgebrauch soll mit vollem Korn (auf hundert Schritte Kernschuss) eingeschossen sein, und es muss daher bei Abgabe eines Schusses in der Ebene mit vollem Korne unter den zu treffenden Theil des Wildes visirt werden.

2. Steht der Schütze tief und das Wild hoch, dann muss das Korn desto feiner genommen werden, je stumpfer der Winkel ist, unter welchem man den Schuss abgibt.

3. Steht der Schütze hoch und das Wild tief, so muss das Korn desto voller genommen werden, je steiler der Abstand zwischen Beiden ist.

Rücksichtlich der Wahl der Schrote für die Jagd auf Rehwild erlaube ich mir, gewöhnlichen mittelstarken Hasenschrot zu empfehlen, da dieser selbst auf weitere Entfernungen stets besser zusammenhält, als ganz grobes Blei.

Die Anwendung sogenannter „Reh-Posten“ oder gar gemischter grober Schröte überlasse man Aasjägern und Wilderern,

welchen es durchaus gleichgiltig ist, Wild „zu Holz" geschossen
zu haben.

Das mittelst eines Schrot- oder Kugelschusses tödtlich
getroffene Wild wird man stets auf der Einschuss-Seite
liegend verendet finden.

Nur Fälle, wo Hindernisse physischer Art einwirken,
bilden Ausnahmen dieser alt bewährten Waidmannsregel, deren
Wirkungen wol erprobt, deren physiologisch-pathogenische Ursachen jedoch noch nicht genügend aufgeklärt sind.*)

---

*) Aus der Fülle von Argumenten will ich nur einen eclatanten
Fall hier anführen. In den mit Rehwild reich besetzten Revieren meines
Nachbars A. v. V. wurden im Jahre 1875 vierundfünfzig Rehböcke erlegt
welche sammtlich auf der Einschussseite verendet lagen.

III. Das Gehörne des Rehbockes.

Es ist fast als eine merkwürdige Laune der schaffenden Natur zu betrachten, dass sie den männlichen Hirscharten Gehörne verleiht, die aus einer fast unmerklichen Knochen-Fortsetzung der Hirnschaale binnen sechs bis acht Wochen oft bis zu enormen Dimensionen und äusserster Festigkeit und Härte emporwachsen und sich verecken, um nach acht bis neun Monaten abgeworfen und in derselben Weise im nächsten Jahre wieder aufgesetzt zu werden.

Bei keiner Hirschart nimmt das Gehörne so verschiedenartige, oft ganz merkwürdige und monströse Formen an, als bei dem männlichen Rehwilde.

Ich glaube den Wünschen so manches werthen Genossen im edlen Waidwerk und eifrigen Sammlers von Gehörnen entgegenzukommen, wenn ich meine vielfachen diesfälligen Beobachtungen in einem eigenen Abschnitte zusammenfasse und dieselben durch möglichst getreue Abbildungen von Gehörnen meiner aus achthundert Stücken mit über vierhundert Abnormitäten bestehenden Sammlung anschaulicher und deutlicher zu machen versuche.

In der Literatur über das Waidwerk wurde dieses interessante Capitel meist in wenig erschöpfender Kürze abgehandelt, und ich will mich bemühen, diese Lücke, soweit meine bescheidenen Kräfte und Erfahrungen reichen, auszufüllen.

Der Rehbock trägt ein Gehörne (Gewicht), setzt es auf und wirft es ab.

Die Hirnschale des Kitzbockes wölbt sich schon im dritten Monate seines Alters, im fünften bis sechsten Monate sind bereits die Knochen-Fortsetzungen der Hirnschale — die eigentlichen Träger der Gehörne, waidmännisch „Rosenstöcke" genannt — unter der Decke sichtbar. Nun beginnt die Bildung des Gehörnes, indem allmälig aus den Rosenstöcken mit einer behaarten Haut (mit Bast) bedeckte Stangen emporwachsen (Tafel I). Während der Periode des Wachsthums bildet das Gehörne eine weiche, knorpelige, reichlich von zu dessen Bildung dienenden Blutgefässen durchzogene Masse, die, wie bereits erwähnt, mit Bast bedeckt ist. Je mehr sich nun die beiden Stangen ihrer Vollendung nahen, desto mehr verdichten sich die inneren Zellen derselben; der ernährende Säftezufluss nimmt ab, und die Stangen beginnen von der Rose nach aufwärts zu erhärten. Sind dieselben völlig ausgewachsen, dann fegt sie der Rehbock an weichen Gehölzen vom Baste rein und wird nun nach seinem, aus meist spärlich geperlten, acht bis elf Centimeter hohen und anderthalb bis zwei Centimeter im Durchmesser starken Stangen gebildeten Gehörne (Tafel II. Fig. 1) Spiesser oder Spiessbock genannt.

Im November desselben Jahres wirft der Spiessbock sein Gehörn ab, und setzt in der angeführten Weise ein neues Gehörne auf, welches entweder an der einen oder an beiden Stangen sich in zwei Enden vereckt und länger, stärker und auch mehr geperlt erscheint (Tafel II. Fig. 2). Der ein solches Gehörne tragende Bock wird im ersteren Falle ungerader, im letzteren gerader Gabler — Gabelbock genannt.

Im vierten Jahre setzt der Rehbock ein Gehörne auf, welches sich an beiden Stangen in je drei Enden vereckt. Zuweilen trägt derselbe nur an einer Stange drei Enden, während die andere Stange in eine Gabel endigt (Tafel II. Fig. 3 u. 4). Ein solcher Bock wird ungerader Sechser, wenn jedoch beide Stangen je drei Enden tragen, normaler — gerader Sechser — und in den späteren Jahren, in welchen die Stangen stets höher, stärker und dichter geperlt erscheinen, wird derselbe als guter, braver Bock oder als Capitalbock waidmännisch angesprochen.

Je mannigfaltiger und reichlicher die Aesung des Revieres ist, desto rascher entwickelt sich die Höhe und Stärke der Gehörne; auch habe ich beobachtet, dass die Rehböcke in Revieren, die öfter beunruhigt werden, nie so gut aufsetzen, als in ruhigen Standorten. Die rauhe Lage des Reviers übt keinen nachtheiligen Einfluss auf die Bildung und Stärke der Gehörne. Obwol ich die Gehörnbildungen der Reihenfolge nach als Spiesser, Gabler und Sechser angeführt habe, so weicht doch dieselbe aus verschiedenen Ursachen häufig von der Regel ab, und der Spiesser setzt zuweilen gleich nach dem ersten Abwurf ein ungerades oder volles Sechser-Gehörn auf, oder aber es setzt ein Sechser zurück und trägt ein Gabel-Gehörn, nachdem er vordem bereits mehr Enden getragen.

Zuweilen kömmt es vor, dass ein Rehbock gar keine Enden aussetzt, und die Stangen alljährlich nur in der Höhe, Stärke und Perlung zunehmen.*)

Die Formen der Rehgehörne sind indess — von widersinnigen und monströsen Bildungen ganz abgesehen — so

---

*) Ich besitze in meiner Sammlung mehrere solcher Gehörne, zum Theil von Rehböcken, die ich selbst erlegte. Es sind Spiesser von 20—26 Cm. Höhe, mit prachtvollen Rosen und sehr dichtem Perlenbesatz.

5

mannigfaltig, dass man kaum unter Hunderten von Gehörnen zwei zum Verwechseln ähnliche Exemplare aufzu-
finden vermag.

Während die Rose (Krone) an den Stangen des Spiessers
nur durch wenige Perlen markirt wird, die Stangen auf hohen
Rosenstöcken und entfernt von einander stehen, verkürzen
und verstärken sich letztere von Jahr zu Jahr, während der
Perlenbesatz der Rosen dichter — ausgeprägter — und ihr
Umfang immer grösser wird. Hiedurch wird der Zwischenraum,
welcher die beiden Stangen an der Rose trennt, immer enger,
so zwar, dass dieselben in der Regel beim starken Bock vollkommen in einander greifen. Doch auch diese Regel hat ihre
Ausnahmen. Nicht nur bei den „Urböcken", von welchen später
die Rede sein wird, stehen die Stangen und Rosen weit von
einander, auch bei Rehböcken unserer Zeit kömmt dies zuweilen, wenn auch nur selten vor. Ich habe in meiner Sammlung einige sehr starke Sechsergehörne, deren Rosen einen
Umfang von mehr als 16 Cm. nachweisen und dennoch fast
2 Cm. von einander abstehen.

Trotz der regellosen, wechselvollen Formen der Rehbock-
Gehörne lässt sich die Vererbung gewisser charakteristischer
Formen durch Generationen nachweisen — desgleichen behält
ein Gehörn die ihm eigenthümliche Stellung der Stangen und
Enden in den verschiedenen Jahrgängen in der Regel bei. Eine
ebenso seltene als interessante Gehörnform vererbt sich in
einem meiner Reviere, die ich mir erlaube, hier ausführlich zu
beschreiben (Tafel XI).

Diese am Wilde sehr gute Specialität setzt Gehörne auf,
welche aus mässig hohen und starken Rosenstöcken sich er-
hebend, eine meist prachtvoll geperlte Rose bilden, welche sich
entweder in kleinen, widersinnig gestellten Enden vereckt, oder
sich als dicht geperlter Knopf darstellt.

Ich trage mehrere solcher Gehörnpaare von sehr braven, von mir selbst erlegten Rehböcken in Gold gefasst als Gehänge an der Uhrkette, welche bloss 1 $\frac{1}{2}$ Cm. im Durchmesser haltende, 1 $\frac{1}{2}$ — 2 Cm. hohe, dicht und schön geperlte Knöpfe verschiedener Form bilden. Ich habe innerhalb acht Jahren, seit welcher Zeit diese Abnormität in meinem Gehege durch mich selbst entdeckt wurde, an zwanzig solche Miniatur-Gehörne tragende Böcke erlegt.

Seit wann sich diese widersinnige Gehörnbildung vererbt, kann ich nicht angeben, und bin überzeugt, dass solche Böcke im Sommerkleide selbst von erfahrenen Jägern als Ricken angesprochen wurden, und wenn auch bei dem Treibjagen im Winter ein solcher Bock, am Pinsel und Spiegel erkennbar, erlegt wurde, er schon abgeworfen hatte.

Den ersten Bock dieser Art erkannte und erlegte ich im Juni 1862 unter folgenden Umständen:

Es wurde mir die Meldung erstattet, dass ein guter Bock mit einer widersinnig nach rückwärts gebogenen Stange auf eine kleine Waldwiese des genannten Revieres ausziehe. Ich begab mich des Abends in den am Rande der Wiese aus einigen wenigen Zweigen hergerichteten Schirm und sah auch nach kaum einer Viertelstunde zwei Schmalrehe und bald darauf einen geringen Gabelbock auf die Wiese treten, und vertraut äsen. Plötzlich erschien an dem meinem Stande gegenüber liegenden Waldrande ein starkes Stück Reh — äugte nach dem äsenden Wilde, sprang in weiter Flucht auf die Wiese und verjagte den Gabelbock. Die Schmalrehe blieben verhoffend stehen und als nach kurzer Zeit jenes starke Stück zurück auf die Wiese kam, nahmen dieselben wieder ruhig die Aesung auf. Jenes Reh jedoch warf nach jedem Bissen Aesung — nach Art und Gewohnheit guter Böcke — den Kopf auf und äugte umher. Als nach einiger Zeit der Gabelbock wieder

5*

am Rande der Wiese, jedoch mit allen Zeichen der Furcht und Vorsicht erschien, hatte ihn auch jenes Stück sofort eräugt und verjagte denselben abermals. Ich habe es oft beobachtet, dass säugende Ricken andere Rehe auf ihrem Aesungsplatze selten dulden und selbst gute Böcke muthig verjagen; — an jenem Stücke jedoch konnte ich weder mit meinem guten und ziemlich geübten Auge, noch mit meinem noch besseren Jagdglase ein Gesäuge entdecken. Bei dem wiederholten Angriffe auf den Gabler ersah ich jedoch eine Bewegung des Kopfes — die ich nur bei Böcken beobachtet hatte und um dem spannenden Zweifel ein Ende zu machen, schoss ich das räthselhafte Stück mit der Kugel auf achtzig bis neunzig Schritte im Feuer nieder. Es brach mit einem Hochblatt-Schusse zusammen und ich näherte mich rasch und hatte einen Capitalbock erlegt, welcher aufgebrochen 40 Pfund W. G. wog und ein prachtvoll geperltes Gehörne von $1\frac{1}{2}$ Cm. Höhe trug!

Ich will es versuchen die wechselnden Formen der Gehörne nach meinen Erfahrungen in Classen einzutheilen und durch Abbildungen, welche ich meiner reichhaltigen Sammlung entnahm, anschaulich zu machen, und zwar:

1. Normale Gehörne: a Spiesser, b Gabler (gerad und ungerad), c Sechser (gerad und ungerad). Tafel I und II.

2. Gehörne, die durch Stellung der Stangen und Enden von der normalen Form abweichen. Tafel III.

3. Gehörne die sich durch die Ueberzahl von Enden auszeichnen. Tafel IV.

4. Gehörne die durch Ueberzahl der Stangen von der normalen Bildung abweichen. Tafel V und VI.

5. Gehörne die durch widersinnige Formen in Folge wahrscheinlicher innerer oder äusserer Verletzung — von der

normalen Bildung abweichen und welche waidmännisch „Kümmerer" genannt werden. Tafel VII. und VIII.

6. Monströse Gehörnbildungen die ohne nachweisbare Ursachen entstanden sind und als Naturspiele angesprochen werden müssen. Tafel IX und X.

7. Zwerghafte Bildungen von Gehörnen. Tafel XI.

8. Kreuz-Gehörne — die seltenste Form — deren Enden derart gestellt sind, dass dieselben die Gestalt eines Kreuzes darstellen. Tafel XII.

9. Gehörne von Urböcken. Tafel XIII und XIV.

10. Perrücken-Gehörne. Tafel XV.

11. Gehörne von Ricken.

Unter den in der Classe 2 angeführten Formen finden sich Gehörne, die für den Kenner und Sammler nicht minder werthvoll sind als ausgesprochene Monstrositäten.

In meiner Sammlung befinden sich Gehörne dieser Classe, die prachtvoll sind und gewiss das Auge jedes echten Waidmannes erfreuen dürften — leider aber auch zugleich ein wehmüthiges Bedauern hervorrufen, dass Capitalböcke, die solchen Schmuck tragen, schon zu den grössten Seltenheiten gehören, und nur mehr vereinzelt in ausgedehnten Gebirgs-Revieren vorkommen.

Eines jener vorerwähnten Gehörne meiner Sammlung — ein Sechser mit regelmässig ausgesetzten sechs Enden misst von der Rose bis zum obersten Ende 30 Cm., der Umfang der Rosen beträgt 17 der Umfang der Stangen 13 Cm., ober den Rosen gemessen 14 Cm. Die Stangen sind bis zu den Enden ringsum mit dichten und grossen Perlen besetzt.

Das Gegenstück dieses prachtvollen Gehörnes bildet ein zweites in ganz gleicher Stärke, dessen Stangen mit noch grösseren Perlen dicht besetzt, — sich unterhalb der Enden

gleichmässig breit auslegen und die sechs Enden eine schön
gestellte Krone bilden.

Ich besitze Gehörne dieser Classe, deren Stangen 30—32 Cm.
hoch sind und deren prachtvoll geperlte Rosen bis 18 Cm.
Umfang haben.

Die in die Classe 3 eingereihten Gehörne, welche mehr als
sechs Enden tragen, stammen meist von Capitalböcken, die
in Revieren mit vorzüglicher Aesung standen. Ich besitze in
meiner Sammlung über dreissig Stück Gehörne von acht Enden
aufwärts bis zu vierzehn Enden. Für den Sammler werthvoll,
werden Böcke mit solcher Gehörnbildung selten mehr an-
getroffen.

Das Gleiche gilt von den in der Classe 4 angeführten
Gehörnen. In einem meiner Reviere wurde ein Rehbock
erlegt, dessen aus drei Stangen (Tafel V, Figur 1), und drei
vollkommen ausgebildeten Rosen bestehendes Gehörne die
drei Hauptformen darstellt. Die rechte Stange ist 17 Cm.
hoch und hat drei vollkommen normal gestellte Enden; —
parallel mit dieser steht die linke gleich hohe Stange mit zwei
normal gestellten Enden und vor derselben die dritte Stange
ein Spiess, welcher bloss um $1\frac{1}{2}$ Cm. niedriger ist, als
die beiden anderen Stangen. Ein schönes Exemplar dieser
Species findet sich auf der Tafel VI, Figur 1 abgebildet. Das
Gehörne besteht aus vier regelmässig gestellten Stangen, welche
aus je einer sehr starken dicht geperlten, verwachsenen Doppel-
rose emporsteigen.

Gehörne welche ich unter der Classe 5 angeführt habe,
zeichnen sich oft durch sehr bizarre Formen aus. Die Ursachen dieser Missbildungen sind entweder Verletzungen, welche
das bastige Gehörn selbst während seiner Bildung erlitten hat,
oder Verletzungen, respective Missbildungen der Rosenstöcke
oder der Hirnschalen.

Auch Verletzungen des Kurzwildprets sind häufig die Ursache solcher Missbildungen; dass aber Verletzungen anderer Körpertheile des Thieres ebenfalls ihren Einfluss auf die Ausbildung des Gehörnes üben, habe ich durch meine eigene Erfahrung festgestellt.

Ich schoss im Jahre 1859 einen starken Rehbock auf der Pürsche, in dessen linkem Hinterlaufe eine Rehschlinge aus Messingdraht unmittelbar ober den Afterschaalen eingewachsen war. Der Bock hatte die Schlinge, wie dies deutlich sichtbar war, kurz am Laufe abgedreht. In Folge der kräftigen Befreiungsversuche und des Zerrens an der Schlinge durchschnitt der Draht die Haut und vernarbte in derselben, als es dem Thiere gelungen war sich zu befreien. In Folge des grossen Schmerzes, welchen diese Verletzung hervorgerufen haben mag, schonte der Bock den verletzten Lauf und es wucherten die Schaalen bis zu einer Länge von 12 Cm. Ich schoss den Bock Anfangs Juli — und das Geweih mit der Missbildung des Laufes auf Tafel VII abgebildet, zeigte noch Spuren des kürzlich gefegten Bastes. Nachdem jedoch der Lauf vollständig geheilt war und die Schaalen bereits die abnorme Länge erreicht hatten, so lässt sich mit Sicherheit annehmen, dass der Rehbock regelmässig abwarf und ein neues Gehörn aufgesetzt hat.

Dasselbe zeigt ebenfalls an der linken Stange — also in Correspondenz mit dem verletzten Laufe — eine verkümmerte Form, — während die rechte Stange 21 Cm. hoch und stark geperlt ist.

Zuweilen setzt der Rehbock, wenn er am Kurzwildpret verletzt wurde, statt eines normalen Gehörnes, — monströse mit Bast bedeckte Wucherungen auf, die er niemals abfegt, und die auch zumeist eine weiche knorpelige Masse bilden. Solche Böcke werden waidmännisch „Perrücken-Böcke" genannt.

Oft geschieht es auch, dass ein Rehbock, wenn derselbe nach dem Abwurf angeschossen wurde, gar nicht mehr aufsetzt.

Die in die Classe 6 eingereihten Gehörne, welche ohne nachweisbare Ursachen monströse Formen annahmen, müssen als individuelle Eigenthümlichkeiten des Organismus, als Naturspiele betrachtet werden, und sind solche Gehörne für den Sammler sehr werthvoll.

Ich besitze mehrere solche Monstrositäten der allerseltensten Formen, die sich ebensowol durch die widersinnigste Bildung als reiche Perlung und einzelne auch durch abnorme Stärke auszeichnen. Einen Bock mit derart monströsem Gehörne (Tafel X. Fig. 1) erlegte ich an einem Tage nebst zwei anderen sehr braven Böcken, deren einer ein prächtiges Zwerggehörn trug, während der Brunft im Jahre 1865.

Der geneigte Leser wird es mir gestatten, dass ich den mit „Waidmannsheil" reich gesegneten Pürschgang näher beschreibe.

Ich zog eines Morgens in den ersten Tagen des Monates August in den Wald, um zu pürschen und zu blatten. In einem Waldtheile angelangt, der mit hohen Föhren und Fichten bestanden und von drei Seiten mit dichten, jüngeren Beständen umgeben war, begann ich zu blatten. Nach wenigen Minuten sah ich ein Stück vorsichtig nahen, wie ein Schweisshund an der Erde suchend. Ich erblickte zwischen den Lauschern etwas, was wol einem Bündel knorriger Aeste, keineswegs aber einem Gehörne ähnlich sah. Da verhoffte der brave Bock, siebzig bis achtzig Schritte entfernt, und lag auch im nächsten Augenblicke, „am Stich" von der Kugel getroffen, auf der Decke.

Hocherfreut bewunderte ich das prächtige Gehörn des erlegten Bockes im Vereine mit meinem Jäger und dem herbeigeeilten Waldheger, und dann pürschte ich, einen frischen Bruch am Hute, in der gehobensten Stimmung weiter. Auf

einer schmalen Schneusse, längs einem dichten Stangenholze
pürschend, vernahm ich in ziemlicher Entfernung ein leises
Knacken von Aesten, endlich näher, immer näher das Pfeifen
des sprengenden Bockes. Die Situation war für einen Kugelschuss nicht eben einladend, doch blieb mir nicht viel Zeit
zum Ueberlegen. Ermattet trat die Ricke auf die Schneusse
und trollte einige Schritte spitz auf mich zu, ohne mich zu
bemerken — ein braver Sechser knapp hinter ihr. Ich pfiff
leise, die Rehe verhofften, ich gab rasch meinen Schuss ab
und erlegte den Bock mit einem Waidwund-Schuss, der hinter
dem rechten Blatte eindrang und an der Keule durchging.

Den Heimweg antretend, durchpürschte ich noch ein
anderes Revier, und als ich auf einen Hau heraustrat, bemerkte
ich ein Schmalreh und in dessen nächster Nähe einen starken
Bock, wie er, von mir abgewendet, eben an einer Wachholder-
Staude fegte. Ich pürschte einige Schritte zur Seite, um ihm
die Kugel zusenden zu können.

Schon hatte ich langsam die Büchse gehoben, da sprang
der Bock mit einer graciösen Flucht an die Reversseite seiner
Geliebten, und fort gings — im tollsten Jagen. Ich stand verblüfft und bedauerte, nicht noch einen „Dritten im Bunde"
dahin strecken zu können. Indess, es geschieht zuweilen, dass
die keusche Göttin Diana ausgiebig protegirt; es war auch
diesmal der Fall! Nach wenigen Minuten schon sah ich das
verliebte Paar mir wieder entgegentrollen. Diesmal zögerte ich
nicht lange und der prächtige Bock brach zusammen. In kaum
zwei Stunden hatte ich somit drei brave Böcke erlegt, deren
zwei höchst seltenen Hauptschmuck trugen.

Die auf der Tafel XI abgebildeten Miniatur-Monstrositäten,
deren Träger ich sämmtlich selbst erlegte, kommen bei alten
Böcken sehr selten vor. Ich habe mir die Ueberzeugung verschafft, dass solche Böcke vollkommen zeugungsfähig, und

somit nicht unter die Classe der Kümmerer zu zählen sind, welche in Folge der Verletzung des Kurzwildprets widersinnig aufsetzen. An den von mir erlegten Böcken dieser Art bemerkte ich als charakteristisches Abzeichen eine auffallend lichte Färbung des Stirnhaares, welches bei einzelnen Böcken fast schneeig war.

Sehr seltene Gehörne sind jene, deren bereits Altvater Döbl als solcher erwähnt, und welche die drei Enden derart gestellt haben, dass sie die Form eines Kreuzes bilden — die Kreuz-Gehörne. In alten Zeiten galt das Sprichwort: „So selten wie ein Kreuzbock" (Tafel XII. Fig. 1 u. 2).

Ich besitze drei solche wirkliche Kreuzgehörne und war so glücklich, die Träger von zweien derselben in meinem Gehege im Jahre 1866 und 1869 selbst zu erlegen (Tafel XII. Fig. 2).

Die unter der Classe 8 angeführten Gehörne von Ur-böcken gehören einer besonderen Art von Rehen an, welche jedenfalls bereits ausgestorben ist, da ich trotz vielfachen Nach-forschens nicht in Erfahrung bringen konnte, ob und wo ein solcher Bock erlegt worden wäre.

Die Gehörne der Urböcke unterscheiden sich von jenen unserer Zeit durch bedeutende Höhe der Stangen, durch meist mehr als sechs Enden, verhältnissmässig kleine Rosen, und endlich auch dadurch, dass die Rosen niemals aneinander, sondern stets 1—2 Cm. von einander abstehen (Tafel XIII u. XIV).

Die Höhe der Stangen beträgt oft 40—45 Cm. Tafel XIV zeigt einen solchen Urbock aus meiner Sammlung von ungerad sechzehn Enden. Die reichste Sammlung solcher Urbock-Ge-hörne besitzt Graf Arco-Zinneberg in München*).

---

*) Der letzte Urbock scheint im Jahre 1586 erlegt worden zu sein, welcher auf dem Schlosse Harmeding in Baiern bewahrt wird. Angaben über spater erlegte Bocke dieser Art scheinen nicht verlasslich. Siehe v. Kobell's trelfliches Buch „Wildanger".

Gehörnte Ricken kommen äusserst selten vor. Die bis nun mit solch ungewöhnlichem Hauptschmucke erlegten Ricken trugen meist ein bastiges Gehörn. Doch sind mir auch zwei Fälle bekannt, wo solche mit gefegten Gehörnen geschossen wurden.

Ein mir befreundeter Waidmann, Fürst W. W—burg Z—l, war vor einigen Jahren so glücklich, eine Ricke mit einem starken sechsendigen Gehörne zu erlegen.

Jedenfalls ist der Umstand von hohem Interesse, dass solche Ricken auch fruchtbar sind. Mir ist genau bekannt, dass eine gehörnte Ricke zwei Kitze säugte.

Am Schlusse dieses Abschnittes angelangt, erwähne ich noch eines in neuester Zeit rasch aufblühenden schwindelhaften Erwerbszweiges, nämlich der Fälschung vielendiger oder mon-ströser Gehörne. Den gewiegten Kenner wird ein solches „kunstgewerbliches" Product keinen Augenblick täuschen, wol aber ist es leicht möglich, dass ein minder erfahrener und zu-gleich passionirter Sammler recht sehr zu Schaden kommen kann, und ich will die Mittel und Wege angeben, durch welche ein verdächtiges Gehörn rasch geprüft werden kann. Vor Allem prüfe man den ganzen Bau des Gehörnes, und verfolge, wo sich monströse Bildungen oder ungewöhnliche Enden ab-zweigen, genau jene deutlich sichtbaren Rinnen (Rillen) an den Stangen, welche von den ernährenden Blutgefässen des heranwachsenden Gehörnes zurückgeblieben sind. Dieselben verzweigen sich — meist den Perlenbesatz in ziemlich regel-mässige Reihen theilend — von der Rose nach aufwärts bis in die sich abzweigenden Enden und hören dort auf, wo der Bock die Enden plattgefegt hat.

Es ist fast unmöglich, diese Rinnen zu fälschen und ein Ende oder den Theil einer Stange so einzufügen, dass man die veränderte Structur nicht sofort mit freiem Auge oder nöthigen-falls mit der Lupe entdecken sollte.

Ein weiteres Mittel ist das Einlegen des Gehörnes in starken Spiritus. Dieser zersetzt und löst die braune Farbe auf und lässt dann die Ansatz-, resp. Verbindungsflächen genau erkennen.

Ist das Geweih untadelhaft aus dieser Probe hervorgegangen, so ist die verloren gegangene schöne Naturfarbe durch etwas Oelfarbe (Mumie oder Asphalt), mit einem Pinsel aufgetragen und einem Baumwolllappen leicht abgerieben, bald ersetzt, ohne dem Werthe des Gehörnes Eintrag zu thun. Jeder Ueberzug von Lack entwerthet das Gehörn und ist ein sehr verdächtiges Zeichen.

Auch das wiederholte Eintauchen in kochendes Wasser lässt bald ein echtes vom nachgeahmten Naturproducte unterscheiden.

Am meisten wird nebst wirklichen Gehörntheilen die Steinpasta — eine Cement-Composition — zur Verbindung der Theile und zur künstlichen Herstellung monströser Missbildungen verwendet. Diesfalls genügt ein Feilenstrich an der verdächtigen Stelle, um den Betrug oder die Echtheit zu constatiren.

Die überhand nehmende Passion des Gehörne-Sammelns und die hohen Preise, die für starke und widersinnige Gehörne willig gezahlt werden, haben die Fälschung zu einem schwunghaft betriebenen Gewerbe erhoben, und diese Umstände werden es wol als gerechtfertigt erscheinen lassen, wenn ich dessen hier etwas ausführlicher erwähnte.

Bevor die Gehörne auf Brettchen aufgeschraubt werden, lasse man sorgfältig die an der Hirnschaale etwa noch haftende behaarte Decke in heissem Wasser ablösen und die erstere von allen noch zurückbleibenden Hautresten reinigen, da diese einen üblen Geruch verbreiten und auch die Bildung von Motten und Maden sehr begünstigen.

Ich habe für meine ziemlich umfangreiche Sammlung von Gehörnen eine Art von Brettchen ersonnen, die ich ihrer Billigkeit und Zierlichkeit wegen allen Besitzern grösserer Samm-

lungen anrathen darf und hier skizziren und näher beschreiben will.

Es werden aus unentrindetem Holze der Birke, Buche,
Eiche, Tanne, Kiefer oder Fichte $3\frac{1}{2}$ Zoll hohe und breite
Brettchen (aus Scheitholz) geschnitten, an der Rückseite glatt
abgehobelt und mit einem Oehr aus Draht versehen.

Das Brettchen wird nun an den Seiten mit $6—6\frac{1}{2}$ Zoll
langen, $\frac{1}{2}$ Zoll starken unentrindeten Fichten- oder Kiefern-
Aesten benagelt und mit Moos und Flechten beklebt.

Das Gehörn wird dann auf die berindete Fläche des
Brettchens aufgeschraubt. Ich habe auf diese Art die Wände
eines Gemaches bekleidet, und kann eine solch originelle
plastische Tapete für den Salon oder das Arbeitscabinet eines
Waidmannes bestens anempfehlen.

 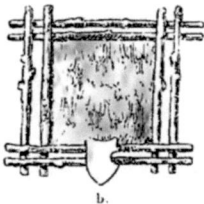

a.   b.

Um den Namen des Revieres oder Schützen anbringen
zu können, befestigt man entweder ein Band (a) oder ein
Schildchen (b) aus Kartenpapier oder einem dünnen Brettchen,
welches mit weisser Oelfarbe angestrichen wird.

Ein Brettchen nach der Zeichnung a. kostet zwei, und
nach Zeichnung b. vier Kreuzer österr. Währung, während
Medaillons anderer Art mindestens den vierfachen Preis erreichen.

IV. Anlage des Rehwildgartens.

Der Verfall der hohen Jagd in freien Gehegen hat nach und nach viele Besitzer ausgedehnter Jagdgebiete veranlasst, einen entsprechenden Bezirk mit einer dauernden Umzäunung zu umgeben und in demselben Edel-, Damm- und Schwarzwild zu hegen.

Der Errichtung von Rehparks stand bis nun fast allenthalben die auf unbegründete Vorurtheile basirte Ansicht hindernd im Wege: das Rehwild kümmere in eingefriedetem Terrain, und lasse sich in demselben nicht mit Erfolg hegen.

Diese Ansicht ist durch einige in der Reihe der letzten Jahre angelegte und trefflich prosperirende Gehege dieser Art als vollkommen unbegründet festgestellt worden.

Sind ähnliche Versuche hie und da nicht von dem gewünschten Erfolge gekrönt worden, so mag wol die Ursache darin gelegen haben, dass man auf die Eigenthümlichkeiten und Gewohnheiten jenes Wildes bei der Errichtung von geschlossenen Parks nicht die nöthige Rücksicht nahm.

Man hat z. B. Dammwild und Rehwild vereint in einem Thiergarten gehegt, und die Folge war das Kümmern und endlich gänzliche Eingehen des Rehwildstandes.

Die Ursache dieses Factums mag zunächst darin zu suchen sein, dass das Reh die Ruhe in dem von demselben gewählten Standorte liebt und in der Regel nur des Morgens und Abends auf Aesung auszieht. Das Dammwild hingegen hält keine be-

stimmte Zeit ein und verdrängt und beunruhigt das mehr
schüchterne Rehwild zu jeder Stunde des Tages und der Nacht.

Das Edelwild verträgt sich mit dem Reh weit besser,
vorausgesetzt, dass der eingeschlossene Raum hinlänglich gross ist.

Fliessendes Wasser, oder in dessen Ermanglung abgefasste
Quellen, coupirtes Terrain mit Abhängen gegen Süd und Nord,
ein entsprechendes Areal von Wiesen und Aeckern und gemischte
Holzbestände in nicht allzurauher, den Stürmen exponirter Lage
bilden die entsprechendsten Vorbedingungen zur Anlage eines Reh-
wildgartens. Ueberhaupt wähle man zur Anlage des Rehgartens
jenen Reviertheil, in welchem das Wild auch im freien Zustande
vorzugsweise seinen Stand wählte, selbst dann, wenn nicht
alle der vorerwähnten Bedingungen erfüllt wären.

Ich habe in dieser Richtung bei der Anlage meines eigenen
Rehgartens reichliche Erfahrungen gemacht, die ich hier erschöpfend mitzutheilen mir erlaube.

Ich besitze ein von Aeckern rings umgebenes Waldareale
im Ausmasse von 250 Joch, welches von dem übrigen Wald-
complexe überdies durch eine Chaussé getrennt ist. Das Terrain
ist in Rücksicht seiner Bonität minderer Qualität, theilweise
mit Gerölle und Felsblöcken bedeckt und von einem mässig
hohen Bergrücken mit südlicher und nördlicher Abdachung
durchzogen. Die Bodendecke bildet zu drei Fünftheilen die
Erica, welche an den tiefgründigeren Stellen von guten Gräsern
und Kräutern verdrängt wird. Den dominirenden Holzbestand
bildet die Kiefer mit eingesprengten Eichen, Birken, Fichten,
Espen und Linden. Zwischen einzelnen Felsblöcken wuchert
auf kleinen Blössen die Haselnussstaude.

Nach wenigen Jahren sorgfältiger Hege hob sich der Stand
des Rehwildes nebst zahlreichem anderem Niederwild in jenem
verhältnissmässig kleinen und uneingefriedeten Waldrevier bis
auf dreissig bis fünfunddreissig Stück.

In Ermangelung fliessenden Wassers liess ich fünf Quellen reinigen, abfassen und mit flachen, mit Grassamen besäeten Abzugsgräben versehen. Längs den Bestandsrändern wurde Pfriemenkraut gepflanzt, längs den Grabenrändern auch Weiden cultivirt. Die Schneussen und Wege liess ich ebnen, scharf eggen und mit Kleegrassamen anwerfen, um dem Rehwilde so viel Aesung als möglich innerhalb des Waldes zu bieten.

Leider verlor ich ein die Ostseite des Waldcomplexes umschliessendes Gemeinde-Feldrevier, dessen Gränze unmittelbar an der Lisière des Waldes gezogen ist. Dasselbe kam in die Hände eines jagdlustigen Gemeindeinsassen, von dessen Gebahren das Aergste zu erwarten war. Um nun den Rehwildstand zu schützen, entschloss ich mich, den Complex, durch welchen kein öffentlicher Weg führt, als Rehwildgarten einzurichten und einzuschliessen. Da die Aecker der herrschaftlichen Meiereien nicht unmittelbar an den Wald gränzen, so wollte ich einen sechs Joch grossen Acker gegen eine entsprechend grosse Zugabe ankaufen oder umtauschen.

Der Besitzer des Ackers stellte indess so unverschämte und fortwährend steigende Forderungen, dass ich in Rücksicht der drängenden Zeit mich entschloss, den Waldcomplex ohne Aecker einzuschliessen.

In Folge dessen wurde ein mit zehnjährigem Jungwald bestandenes Stück Waldgrund sofort gerodet, gedüngt und im September zum Theil mit Roggen bebaut. Auf der entgegengesetzten Seite, südwestlich, wurde ebenfalls ein Stück Waldgrund zu gleichen Zwecken vorbereitet.

Während des Winters wurde das zur Einzäunung nöthige Holz zugeführt und partienweise geschlichtet, nach der Ernte im August mit der Aufstellung des Zaunes begonnen, und diese Arbeit im Accord innerhalb acht Wochen vollkommen beendet.

Die kleinen Ackerstücke wurden in vierschlägigem Turnus mit Raps, Kartoffeln (getheilt), Roggen und zweijährigem Kleegras cultivirt.

Da dem Wilde in Rücksicht der eben geschilderten Verhältnisse während des Sommers nicht hinlängliche Aesung innerhalb des Thiergartens geboten werden konnte, so liess ich versuchsweise Rothklee in frischgemähtem Zustande einfahren und des Abends täglich in die für die Winterfütterung bestimmten Raufen einlegen.

Bereits den zweiten Morgen hatte das Rehwild den eingelegten Klee angenommen, und von da ab wird dasselbe während des Sommers in dieser Weise und mit dem günstigsten Erfolge verpflegt.

Das Quantum per Stück und Tag beträgt sechs Pfund.

Ein vorhandenes gutes Wiesenstück, die kleinen Aecker, die sorgfältig berasten Wege und Schneussen bieten ausserdem die natürliche Sommeräsung.

Der Stand beträgt fünfundzwanzig Stücke und der Abschuss wird nach dem Verhältnisse des sehr befriedigenden Zuwuchses bemessen.

Das Wild ist sehr stark und gedeiht vortrefflich trotz der eben geschilderten, nicht durchaus günstigen Verhältnisse.

Behufs der Blutauffrischung hege ich die Absicht, junge Böcke von Zeit zu Zeit aus den freien Revieren einzuführen, zu diesem Zwecke sind drei Einsprünge errichtet worden.

Ein aus anderthalbzölligen, senkrecht gestellten Waldlatten (Durchforstungs-Sortiment) hergestellter, mit Drahtstiften genagelter Zaun erscheint mir nach eigenen praktischen Erfahrungen als die zweckentsprechendste Einfriedung eines Rehgartens.

Ich liess an meinem Rehthiergarten drei Arten von Umzäunung legen, und die obenangeführte Herstellung hat sich in jeder Richtung am besten bewährt.

6

Als Standsäulen, welche die Felder von einander trennen, können im geschlossenen Holze stehende (bewurzelte) Bäume vortheilhaft verwendet und zu diesem Behufe in der Höhe von 6 bis 8 Fuss geköpft werden. Dort, wo die Umzäunung durch jüngere Bestände oder längs Feldfluren geführt wird, genügt es, um den Aufwand an starkem Holze möglichst zu verringern, 5- bis 6zöllige Standsäulen in der Länge von 6 bis 7 Fuss zu verwenden, welche 18 Zoll tief und möglichst fest und mit einer schwachen Neigung nach einwärts in den Boden eingelassen werden, nachdem selbe vorher angebrannt wurden, um sie vor dem Abfaulen zu bewahren. Die durch Verwendung kurzer Säulen zwischen den Feldern entstehenden Lücken können einfach geschlossen werden, indem man einwärts an die Säule eine Latte nagelt, die über die erstere in der erforderlichen Höhe emporragt.

Die senkrecht gestellten Waldlatten werden befestigt, indem man dieselben zwischen zwei oder vier $2^{1}/_{2}$—3zöllige horizontal laufende Rundhölzer, welche an der inneren Seite abgezimmert oder aber in zwei Hälften gesägt sein können, einlässt und mit je zwei Drahtstiften festnagelt.

Die horizontalen Querlatten werden in die Kerben der Standsäulen eingefügt und ebenfalls festgenagelt.

Die schwachen Latten, welche zur senkrecht gestellten Verzäunung verwendet werden, repräsentiren ein Sortiment von sehr geringem Werthe und können in jedem grösseren Reviere durch die nöthigen Durchforstungen ohne die geringste Schädigung der Waldbestände mühelos in ein bis zwei Jahren in der erforderlichen Menge aufgebracht werden.

Die senkrecht eingefügten Latten können, um dieselben vor Fäulniss zu schützen, in der Höhe von 3 Zoll vom Boden abstehen, und müssen, um das Ueberfallen des Wildes zu verhüten, 6 bis 7 Fuss lang sein. Das Durchforstungssortiment aus Fichtenbeständen lässt sich zu solchen Einfriedungen am zweckmässigsten verwenden.

Ein solcher Wildzaun ist billig, dessen Herstellung erfordert wenig Zeit, und die Ueberwachung und eventuelle Reparatur desselben ist mühelos und leicht durchführbar.

Die beifolgende Skizze stellt ein Feld der Einfriedung meines Rehgartens dar.

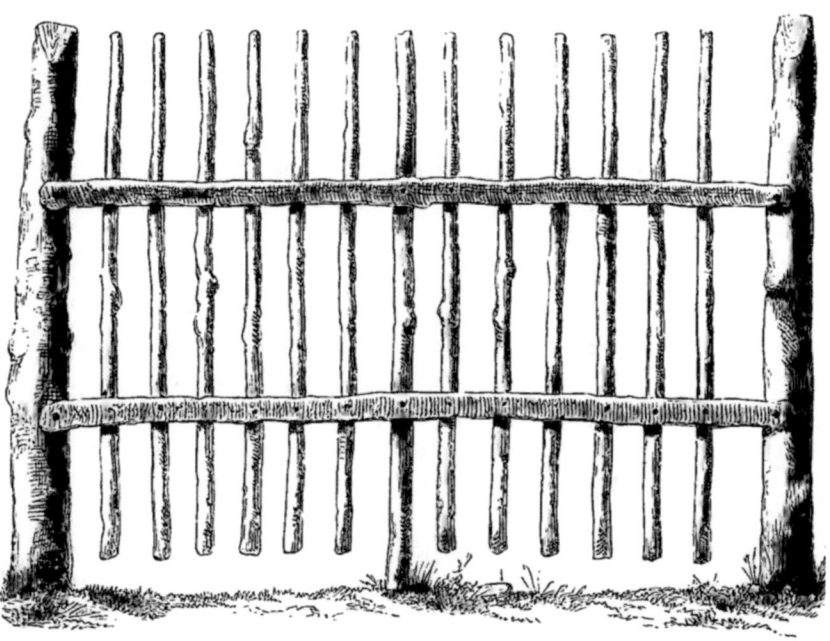

Höhe des Feldes 2⅓ M., Breite des Feldes 5½ M.
Zwischenraum der senkrechten Latten 10 C.-M.

An Orten, wo loses Gestein in unmittelbarer Nähe und ausreichender Menge vorfindlich ist, kann auch eine Strecke des Rehgartens mit einer Mauer eingeschlossen werden.

6*

Behufs Herstellung einer solchen Mauer werden die Steine mit möglichst zweckmässiger Benützung der unebenen Bruchflächen mauermässig trocken aufeinander gelegt. Die Verwendung jeder Art von Zwischenmaterial, wie Erde, Rasen oder Moos muss strenge vermieden werden, da dasselbe durch Einwirkung der Nässe oder eingetretener Zersetzung das ungleiche Setzen der Mauer und endlich klaffende Risse oder theilweises Einstürzen derselben zur Folge hätte.

Eine solche Mauer muss 2⅓ M. hoch, an der Basis 90 C.-M., oben mindestens 30 C.-M. stark gehalten und genügend — keinesfalls aber seichter als auf 30 C.-M. — fundirt sein.

Bei einem durchschnittlichen Taglohn von 30 kr. ö. W. kann die Currentklafter für 1 fl. hergestellt werden.

In neuester Zeit werden zur Einfriedung von Wildgärten auch Drahtzäune verwendet.

Schon seit Jahren pflegt man in England Parks und verschiedene Grundstücke mit Draht einzufrieden, und die vielfachen Anpreisungen haben dieser Neuerung auch am Continente bald Eingang verschafft.

Bei dem förmlichen Vertheidigungskriege, der namentlich in Böhmen gegen die auf das Unverschämteste gesteigerten Wildschadenersatz-Forderungen seit Jahren geführt wird, ist auch der „Drahtzaun" in die Reihe der Vertheidigungswaffen aufgenommen worden.

Es wurden auf mehreren grösseren Domänen Drahtzäune sowol zur Abhaltung des Wildes von benachbarten Grundstücken als auch zur Einschliessung von Thiergärten verwendet, und es hat namentlich Herr Oberförster Netsch (Herrschaft Mnischek, Böhmen) seine diesfälligen schätzbaren Erfahrungen mitgetheilt, die ich hier anführen will.

Der auf der genannten Domäne errichtete Drahtzaun hat sich, wie der genannte Herr Oberförster berichtet, „mit vorzüglichem Erfolge gegen das Ueberfallen oder Durchziehen des Edel- und Dammwildes bewährt, wogegen es hie und da dem Rehwilde glückte, sich durchzuziehen. Der in Rede stehende Drahtzaun ist am Waldesrande angebracht, wobei die tief ein- oder ausspringenden Winkel aus dem Grunde ausserhalb der Verzäunung gelassen wurden, um durch eine gerade Richtung die Zaunlänge zu verkürzen.

„Der Zaun besteht aus fünf mit dem Terrain parallel laufenden Drähten von 2 Linien Durchmesser, wovon der unterste Draht vom Boden circa 9 Zoll absteht. Die nächstfolgenden zwei Drähte sind von einander ebenfalls 9 Zoll entfernt, der vierte Draht hat dagegen einen Abstand von 15 Zoll und der oberste endlich 18 Zoll, so dass die Gesammthöhe des Drahtzaunes 5 Fuss österr. Mass beträgt.

„Da wo es die Bestandesbeschaffenheit erlaubt, namentlich dort, wo Stämme von mindestens 5 bis 6 Zoll Durchmesser zur Verfügung stehen, wird der Draht zu der vorbezeichneten Entfernung und Höhe an denselben angefestigt oder durchgeführt, wie nachfolgend näher beleuchtet werden wird, oder es werden in Ermangelung passender Holzstämme Zaunpfähle eingesetzt und zu obigem Zwecke verwendet.

„Die Entfernung der Zaunstämme oder Zaunpfähle kann im Mittel 5 Klafter österr. Mass betragen, jedoch niemals die äusserste Entfernung von 9 bis 10 Klaftern übersteigen."

Bei Anwendung von Zaunsäulen glaubt Herr Oberförster Netsch deren Entfernung auf 5 bis 6 Klafter fixiren zu müssen, und derselbe fährt in der Beschreibung wie folgt weiter fort:

„Behufs Anfestigung oder Durchziehung des Drahtstranges werden die Stämme oder Säulen in der entsprechenden Höhe entweder mit einem circa 7 bis 8 Linien starken Holzbohrer

durchgebohrt*) oder aber an Stelle dessen hinreichend starke
Klammern in die Stämme oder Säulen eingeschlagen. Das Bohrloch muss jedoch nicht inmitten des Stammes durchgeführt
werden, sondern es genügt, wenn dasselbe seitwärts, etwa
3 bis 4 Zoll tief geschieht. Diese Bohrlöcher, oder aber im andern
Falle die Eisenklammern werden an der Innenseite des Zaunes
angebracht, damit das etwa anprallende Wild den Draht gegen
den Stamm oder Säule andrückt, nicht aber von demselben
wegzieht oder zerrt.

„Bei Aufstellung des Zaunes wird an dem ersten Stamm
oder Säule das Ende des vorher etwa 2 Fuss lang ausgeglühten
Drahtes durch das Bohrloch durchgeführt, um den Stamm zu-
rückgeschlungen und mit Beihilfe einer starken Zange, oder
besser noch mit dem sogenannten französischen Schlüssel und
derart mit dem Drahtstrange selbst eingedreht, dass hiedurch
die gewünschte Feststellung erzielt wird. Das andere Ende wird
durch das Bohrloch oder die Klammer der nächstfolgenden
Stämme oder Säulen soweit durchgezogen, als der Draht reicht.
Ist man nun dahin gelangt, so wird der Draht unter Beihilfe
eines einfachen Haspels oder Hebels angezogen und gespannt,
sofort in das Bohrloch des letzten Stammes oder der Säule ein
Holzpflock eingetrieben, damit der Draht in der Spannung erhalten bleibe, und schliesslich das Ende des Drahtes, welcher
gleichfalls ausgeglüht worden ist, mittelst einer eingedrehten
Schlinge mit dem nächstfolgenden Drahtstrange verbunden,
etwa so, wie es bei der Telegraphen-Drahtleitung geschieht."

Jedenfalls bedarf die Anarbeitung einiger Uebung, welche
indess rein mechanischer Natur ist und sich in der Praxis bald
finden lässt.

---

*) Das Durchbohren dürfte wol nur an Kieferstammen rathsam sein.

Das beste Material ist guter steierischer Draht, welcher hinlängliche Festigkeit und Zähigkeit besitzt.

Herr Oberförster Netsche empfiehlt überdies auch einen Anstrich von Theer. *)

Nach anderen Mittheilungen wurden Drahtzäune, ebenfalls aus fünf Drähten bestehend und 5 Fuss hoch an Pfählen oder Stämmen in jedoch blos 3 Klafter breiten Feldern gespannt, im Uebrigen der gleiche Vorgang wie in Mnischek beibehalten.

Da man jedoch ein Durchziehen des Wildes beobachtete, so hat man die Construction des Zaunes in folgender Weise geändert.

Die Höhe des Zaunes wurde blos auf 4 Fuss 8 Zoll gehalten, und es wurden sechs Drähte in folgender Weise gezogen: Der erste Draht läuft in einer Höhe von 10 Zoll vom Boden, der zweite von diesem 8 Zoll, der dritte und vierte blos 6 Zoll, der nächstfolgende 10 Zoll und der letzte endlich 16 Zoll von dem vorletzten Drahtstrange entfernt.

Der dritte und vierte Draht ist der stärkste — etwa $2\frac{1}{2}$ bis 3 Linien, dagegen die übrigen blos 2 Linien stark.

Obwol der Drahtzaun entschieden die haltbarste und billigste Einfriedung bietet, indem die Currentklafter im Durchschnitte etwa 40 bis 50 kr. kostet, so sind die Versuche und Erfahrungen über die Construction, überhaupt über die Stärke, Zahl und Entfernung der Drähte, über die Breite der Felder und den zweckmässigsten Grad der Spannung des Drahtes, bis nun keineswegs so erschöpfend und durchaus befriedigend, dass man demselben, namentlich bei der Errichtung von Rehwildgärten unbedingt den Vorzug vor

*) Steinkohlentheer dürfte kaum schützend, wol aber oxydirend einwirken.

jenem von mir vorgeschlagenen, ebenfalls sehr haltbaren und gleich billigen Wildzaune geben sollte.

Nachdem zur Einschliessung eines Rehgartens mindestens sechs Drähte nöthig wären und die Breite der Felder keineswegs mehr als 3 Klafter betragen dürfte, so würde sich der Herstellungspreis einer Currentklafter eines für die Einschliessung des Rehwildes vollkommen entsprechenden Drahtzaunes auf mindestens 45 bis 5o kr. belaufen.

Ein Feld Drahtzaun von 3 Klaftern Länge, die Klafter gerechnet mit nur 45 kr., beträgt . . . . . 1 fl. 35 kr. ö. W.

Ein Feld Wildzaun mit senkrechten genagelten Stäben von 3 Klaftern Länge mit einer mittleren 3½ zölligen Stützsäule, die Klafter à 38 kr., beträgt . . . . 1 fl. 14 kr. ö. W.

Wenn auch der Draht dauerhafter sein mag, als die senkrecht gestellten Latten, so trägt anderseits sowol die senkrechte Stellung als auch die doppelte Befestigung derselben zu entsprechender Haltbarkeit wesentlich bei. Ich habe solche Zäune zur Einfriedung von Gärten bereits vor zehn Jahren aufstellen lassen, und ihr Zustand lässt annehmen, dass dieselben mit unwesentlichen kleinen Reparaturen bestimmt noch einen doppelten Zeitraum dauern dürften.

Ein weiteres Bedenken gegen die ausschliessliche Anwendung des Drahtzaunes bei Rehgärten ist durch das ängstlich schüchterne Naturell des Rehwildes zu begründen. Jeder Waidmann wird vielfach die Erfahrung gemacht haben, dass das Rehwild beim Treiben oft wie blind an Bäume anrennt und sich auch oft zu Tode stösst.

Das Anrennen an den wenig sichtbaren, dem Wilde durchaus fremden Drahtzaun, kann nun sehr häufig geschehen und wird in diesem Falle zahlreiche Verletzungen im Gefolge haben.*)

Um den Stand des Wildes im Thiergarten zu vermehren und zu der für das Gedeihen des Nachwuchses sehr wohlthätigen Blutauffrischung beizutragen, werden längs der Einfriedung „Einsprünge" angelegt, um das Einziehen des Wildes aus den freien Revieren zu ermöglichen.

Die Einsprünge können in folgender Weise angelegt werden:

Man lässt unmittelbar vor dem Zaune mit möglichster Benützung des natürlichen Terrains eine Pritsche oder einen halbcirkelförmigen Hügel aus festgelagerter Erde anbringen, der so hoch wie der Zaun und so dossirt ist, dass das Wild bequem hinauf gelangen kann.

Ungefähr fünf bis sechs Schritt von diesem Einsprunge entfernt, lässt man innerhalb des Thiergartens einen kleineren, nur halb so hohen, nicht allzusteil geböschten Hügel aufführen, um die Flucht des einspringenden Wildes zu verkürzen und soviel als möglich zu begünstigen.

Kommt nun das Wild in die Nähe des Zaunes und erblickt es einzelne Stücke innerhalb des Thiergartens, so zieht es gewöhnlich längs der Einfriedung, bis es an die offene Stelle gelangt, wo es dann in der Regel sofort einspringt.

Das senkrechte Abfallen des Einsprunges selbst einwärts des Thiergartens hindert das Umkehren des eingesprungenen Wildes.

---

*) Dass das Wild überhaupt den Draht nicht als Hinderniss achtet, möge das Factum beweisen, dass in einem meiner Reviere, durch welches längs der Chaussée eine doppelte Telegraphenleitung führt, alljährlich einige Rebhühner eingeliefert werden, die sich an den Drähten todtgestossen hatten. Im vorigen Jahre ereilte auch zwei Waldschnepfen das gleiche Schicksal.

Man wird bei Anlage eines Thiergartens stets dort die Einsprünge am zweckmässigsten anbringen, wo sich stark begangene Wechsel finden.

In noch erhöhterem Masse als im freien Walde ist in den zu Thiergärten bestimmten Waldcomplexen der Cultur jener Holzgattungen die grösste Sorgfalt zuzuwenden, deren Rinde, Zweige, Laub und Knospen, oder deren Früchte eine gesuchte Aesung des Rehwildes bilden.

Solche, horstweise an geeigneten Standorten eingesprengte Pflanzungen erfüllen dann einen doppelten Zweck in der erspriesslichsten Weise. Sie schützen die Culturen der dominirenden Holzgattungen vor dem Verbeissen und bieten zu jeder Jahreszeit dem Wilde eine ebenso willkommene als auch naturgemässe gesunde Aesung.

Will man — auch im eingefriedeten Raume — einen gesunden kräftigen Rehstand dauernd erhalten, dann unterlasse man jedwedes Experimentiren mit Nahrungsmitteln, die wol den Wiederkäuern im Stalle zusagen, keineswegs aber dem Rehwilde als Winteräsung geboten werden sollen.

Ich bezeichne namentlich folgende Nahrungsmittel als schädliche Winteräsung: Rübenschnitten und Presslinge, Kartoffel und Treber. Als Zugaben zu der natürlichen vom Standorte des Wildes gebotenen Aesung haben sich folgende Nahrungsmittel bewährt: Hafer in Garben, gutes Klee- und Wiesenheu (nicht Grummet), die Lupiene, die Vogelbeere, getrocknete Zweige der Himbeere, und endlich der Mais, welcher mit Vortheil auf einer genügend weitgestellten Schrottmühle einfach gequetscht werden kann.

Zweckmässig angelegte Topinambour-Pflanzungen bieten dem Rehwilde eifrig besuchte Aesungsplätze, auf welchen es die Exhumirung der schmackhaften Knollen mit seinen zierlichen Läufen selbst und sehr geschickt besorgt.

Ich habe mir erlaubt, auf den vorliegenden Blättern nur
das in möglichst knapper Form zu verzeichnen, was ich durch
eigene Erfahrungen und Beobachtungen als wahr erprobte.

Die Abbildungen der mit gewissenhafter Treue von mir
selbst nach der Natur gezeichneten Rehgehörne haben ledig-
lich den Zweck, den Versuch eines Systems zu illustriren,
welches bestimmt ist, die so vielfach wechselnden Formen der
Gehörnbildung in bestimmte Arten einzutheilen, und hiedurch
eine Lücke auf dem Gebiete der Jagdzoologie auszufüllen.
Den Text des anspruchlosen Buches habe ich aus jener ehrwürdigen Bibel abgeschrieben, deren ewig neuen, lehrreichen,
jedes ächte Waid- und Forstmannsherz erhebenden Inhalt die
Mutter Erde und der Himmel als Einbanddecken umschliessen:
— dem grünen, herrlichen Wald!

V. Abbildungen der Rehgehörne.

Tafel I Gehörne wahrend der Ausbildung(Bast Gehörne

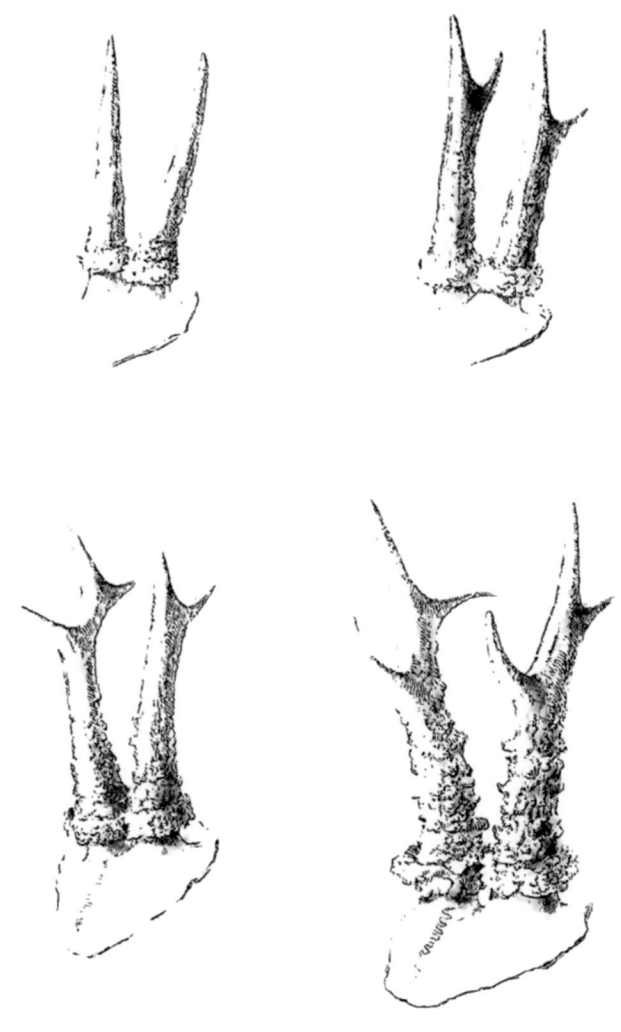

Tafel II Normale Gehörne

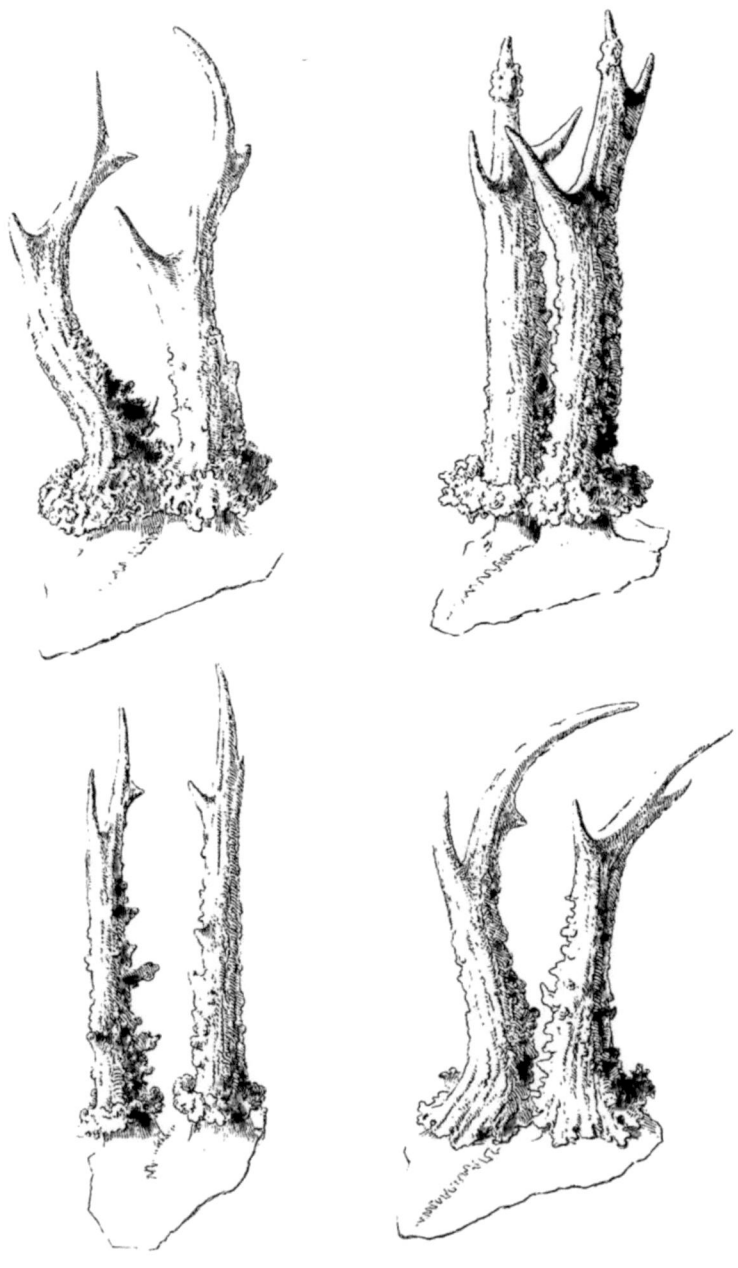

Tafel III. Gehörne durch Stellung der Stangen und Enden
von der normalen Bildung abweichend.

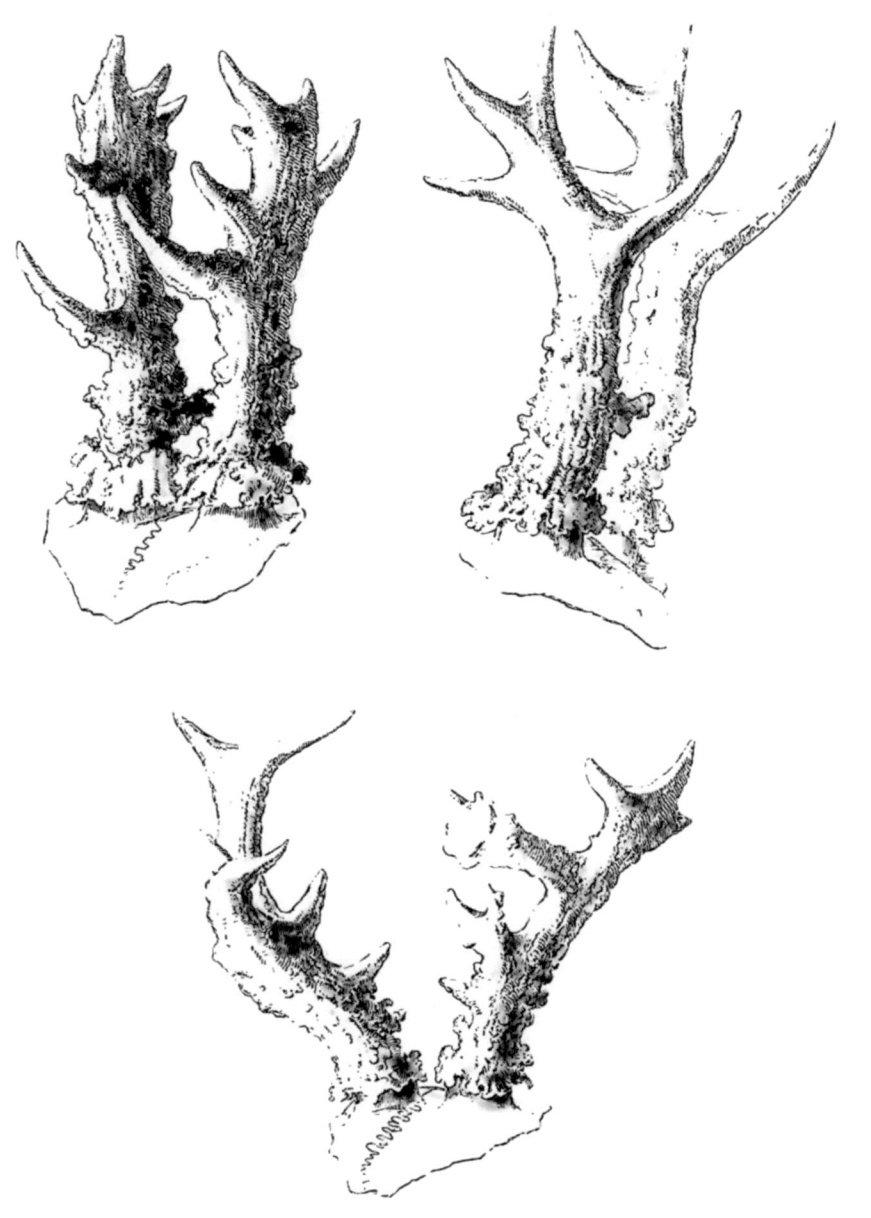

Tafel IV Gehörne durch die Überzahl von Enden von der
normalen Bildung abweichend

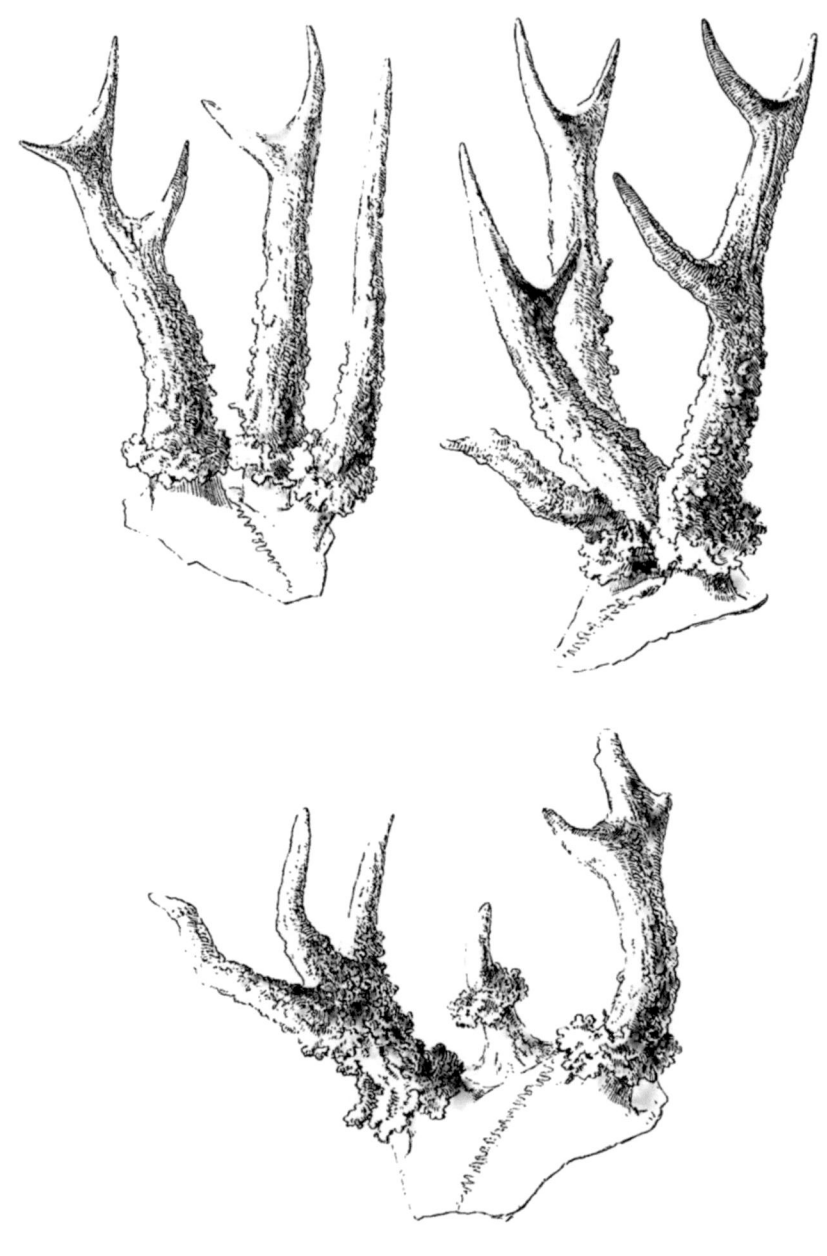

Tafel V. Gehörne die durch Überzahl von Stangen von der normalen Bildung abweichen

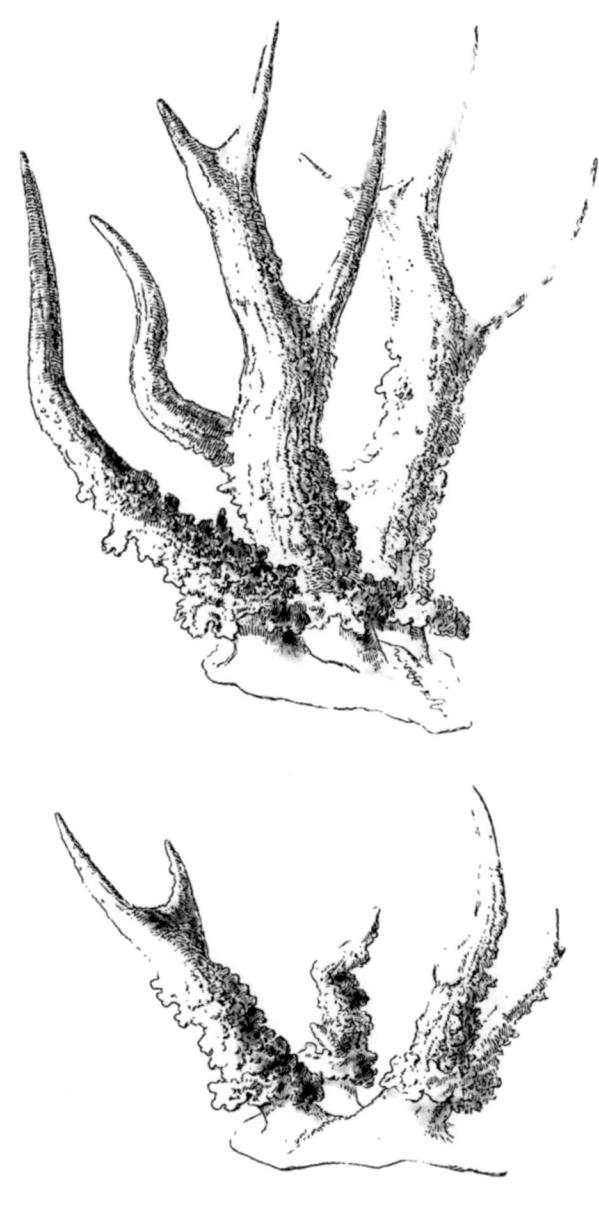

Tafel VI. Gehörne die durch Überzahl von Stangen von der
normalen Bildung abweichen

Tafel VII Gehörn welches in Folge äusserer Verletzung
eines Laufes von der normalen Bildung abweicht.

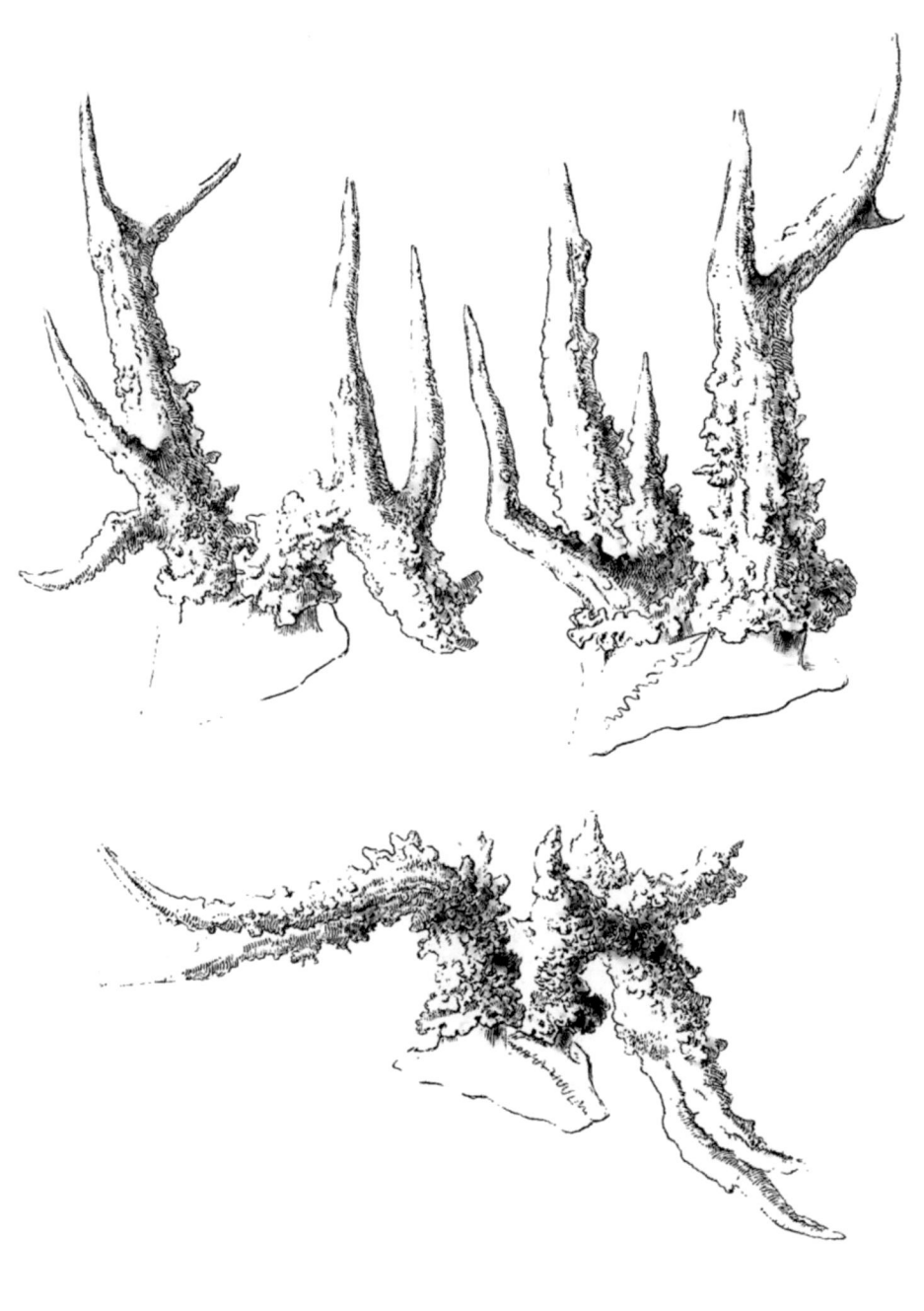

Tafel VIII Gehörne die in Folge aufserer oder innerer Verletzungen
von der normalen Bildung abweichen

Tafel IX Monstrose Gehörne

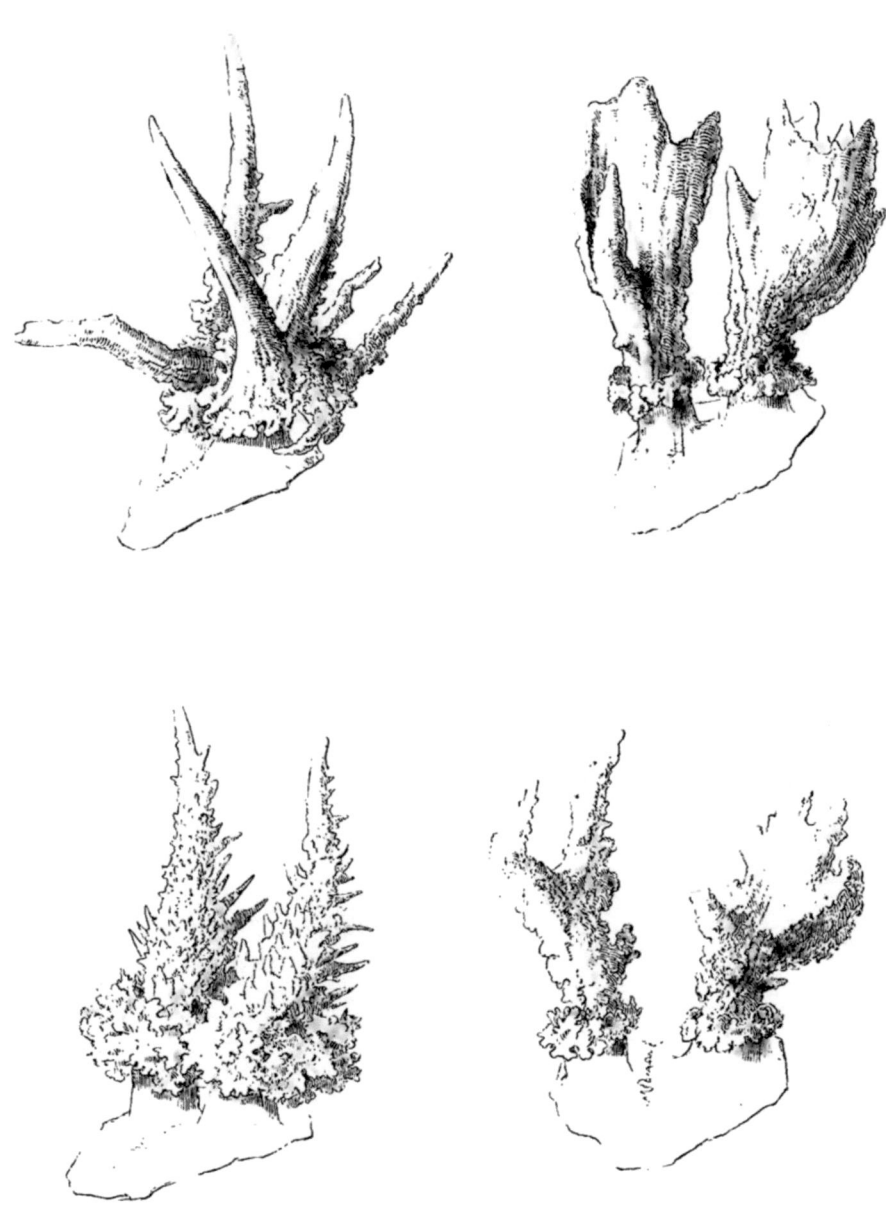

Tafel X. Monströse Gehörne

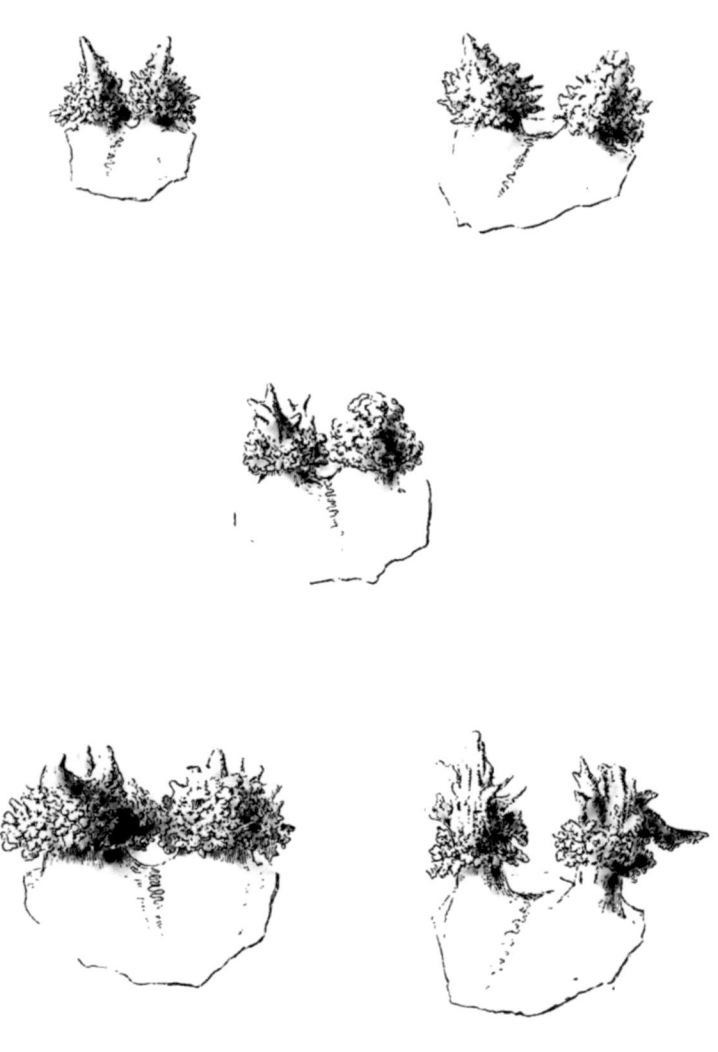

Tafel XI. Zwerghafte Missbildungen der Gehörne.

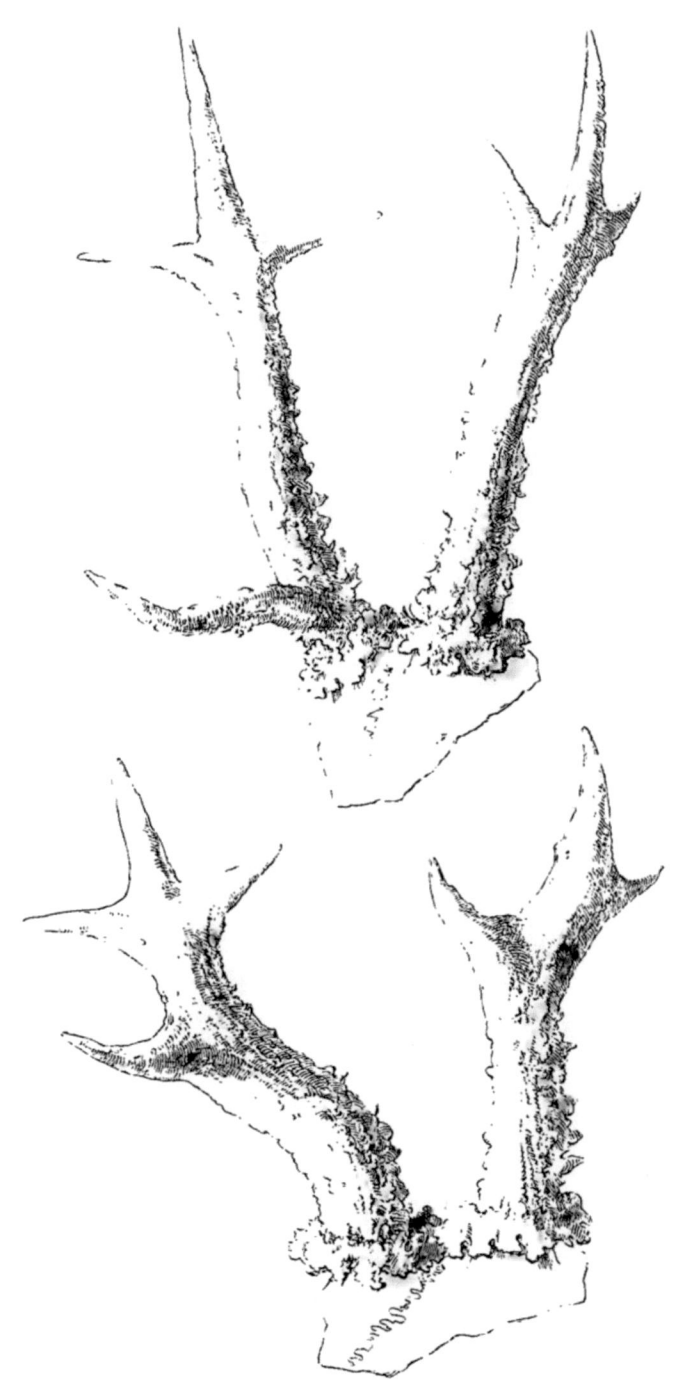

Tafel XII. Kreuz-Gehörne die seltenste Gehörnbildung

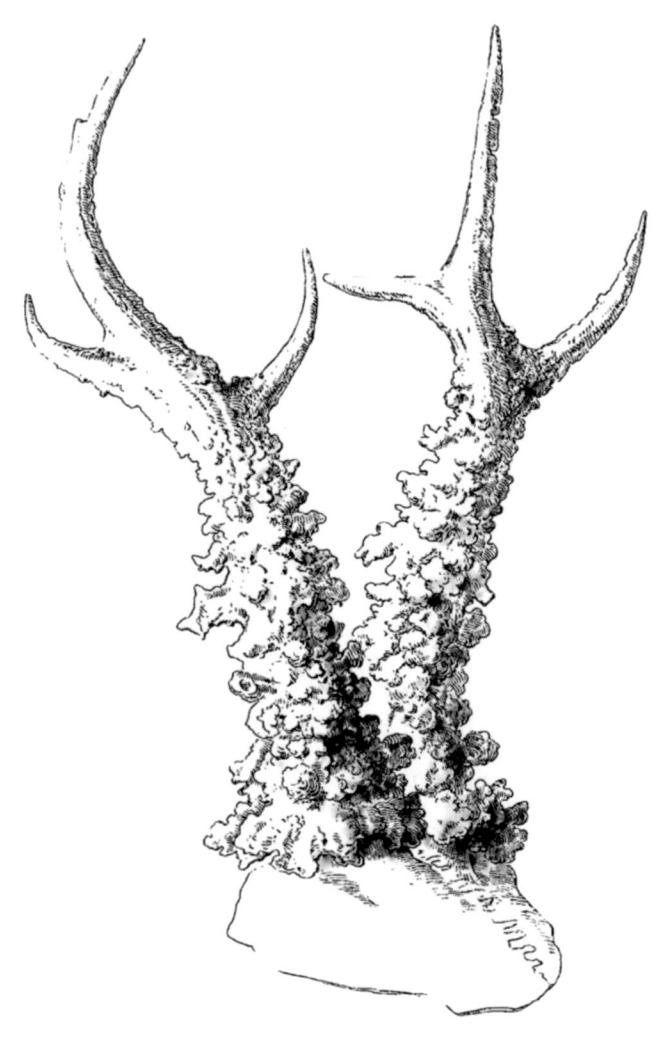

Tafel XIII Urbock.

Tafel XIV   Urbock

Tafel XV. Perücken - Gehörn.
(Krankhafte Mißbildung in Folge von Verletzungen am Kurzwiidpret)